EMMANUEL MACRON
REVOLUÇÃO

EMMANUEL MACRON
REVOLUÇÃO

A AUTOBIOGRAFIA
DE UM LÍDER

Tradução
Maria Alice de Sampaio A. Doria

1ª edição

RIO DE JANEIRO | 2017

CIP-BRASIL. CATALOGAÇÃO NA PUBLICAÇÃO
SINDICATO NACIONAL DOS EDITORES DE LIVROS, RJ

Macron, Emmanuel, 1977-
M148r   Revolução / Emmanuel Macron; tradução Maria Alice A. de Sampaio Dória. – 1ª ed. – Rio de Janeiro: Best*Seller*, 2017.

Tradução de: Révolution
ISBN 978-85-465-0050-5

1. Direito e política. 2. Ciência política. I. Dória, Maria Alice A. de Sampaio. II. Título.

17-43942   CDD: 944.04
                                          CDU: 94(44)

Texto revisado segundo o novo Acordo Ortográfico da Língua Portuguesa.

RÉVOLUTION
Copyright © XO Éditions 2016. All rights reserved.
Copyright da tradução © 2017 by Editora Best Seller Ltda.

Layout de capa: Guilherme Peres
Imagem de capa: Francois Pauletto/Corbis via Getty Images
Editoração eletrônica: Abreu's System

Todos os direitos reservados. Proibida a reprodução,
no todo ou em parte, sem autorização prévia por escrito da editora,
sejam quais forem os meios empregados.

Direitos exclusivos de publicação em língua portuguesa para o Brasil
adquiridos pela
Editora Best Seller Ltda.
Rua Argentina, 171, parte, São Cristóvão
Rio de Janeiro, RJ – 20921-380
que se reserva a propriedade literária desta tradução

Impresso no Brasil

ISBN 978-85-465-0050-5
Seja um leitor preferencial Record.
Cadastre-se e receba informações sobre nossos lançamentos e nossas promoções.
Atendimento e venda direta ao leitor
mdireto@record.com.br ou (21) 2585-2002

SUMÁRIO

CAPÍTULO I: O que sou 11
CAPÍTULO II: No que eu acredito 30
CAPÍTULO III: O que somos 38
CAPÍTULO IV: A grande transformação 46
CAPÍTULO V: A França que queremos 56
CAPÍTULO VI: Investir no futuro 65
CAPÍTULO VII: Produzir na França e salvar o planeta 79
CAPÍTULO VIII: Educar todas as nossas crianças 91
CAPÍTULO IX: Poder viver do próprio trabalho 102
CAPÍTULO X: Fazer mais por aqueles que têm menos 115
CAPÍTULO XI: Reconciliar as Franças 130
CAPÍTULO XII: Querer a França 143
CAPÍTULO XIII: Proteger os franceses 155
CAPÍTULO XIV: Controlar nosso destino 167
CAPÍTULO XV: Refundar a Europa 186
CAPÍTULO XVI: Devolver o poder àqueles que fazem 204

Enfrentar a realidade que o mundo apresenta vai nos fazer recuperar a esperança.

Alguns pensam que a França está em declínio, que o pior ainda está por vir, que a civilização vai desaparecer. Que o retrocesso ou a guerra civil são o nosso único horizonte. Eles acreditam que, para nos protegermos das grandes transformações que estão em curso no mundo, devíamos voltar no tempo e colocar em prática as fórmulas do século passado.

Outros acham que a França pode continuar a descer uma ladeira suave. Que o jogo da alternância política vai ser suficiente para nos fazer respirar. Depois da esquerda, a direita. Os mesmos rostos e os mesmos homens por tantos anos.

Estou convencido de que tanto uns quanto outros estão errados. São os seus modelos, os seus modos de agir que, simplesmente, fracassaram. O país, em sua totalidade, não fracassou.

O país sabe disso. Mesmo que de maneira confusa, ele sente isso. É assim que nasce o "divórcio" entre o povo e seus governantes.

Estou convencido de que a França tem força, competência e vontade de progredir. Ela tem a história e o povo para fazer isso acontecer.

Entramos numa nova era. A globalização, o mundo digital, as crescentes desigualdades, o perigo climático, os conflitos geopolíticos e o terrorismo, a degradação da Europa, a crise democrática das sociedades ocidentais, a dúvida que se instala no seio da nossa sociedade: esses são os sintomas de um mundo em plena mudança.

A resposta a essa grande transformação não pode ser dada com os mesmos homens e as mesmas ideias, imaginando que seria possível voltar atrás. Pensando, simplesmente, em aperfeiçoar ou ajustar nossas instituições e nosso "modelo", como alguns gostam de chamar, sendo que ninguém — no fundo nem mesmo nós — quer continuar a se inspirar nele.

Não podemos mais pedir aos franceses que façam esforços sem fim, prometendo sair de uma crise que não existe. É dessa atitude indefinidamente retomada há trinta anos pelos nossos dirigentes que vêm a frustração, a incredulidade e até mesmo o desgosto.

Temos que encarar a verdade juntos, debater as grandes transformações que estão em andamento. Aonde devemos ir e por quais caminhos. Quanto tempo vai durar essa viagem. Porque tudo isso não vai ser feito em apenas um dia.

Os franceses estão mais conscientes das novas exigências da época do que os seus dirigentes. Eles são menos conformistas e estão menos presos às ideias preconcebidas que garantem o conforto intelectual de uma vida política.

Precisamos abandonar os nossos hábitos. Tanto o Estado, os políticos, os altos funcionários, os líderes empresariais, os sindicatos, quanto as corporações intermediárias. Essa responsabilidade é nossa, e seria um erro nos furtarmos a ela ou mesmo nos acomodarmos.

Nós nos acostumamos a um mundo que nos causa preocupação. Que, no fundo, não queremos identificar nem enfrentar. Então, nos queixamos e reclamamos. E é aí que surgem os dramas, e também o desespero. O medo se instala. Mas não o levamos a sério. Queremos a mudança, mas, sem a desejar de verdade.

Se quisermos progredir, fazer a França vencer e construir uma riqueza do século XXI de acordo com a sua história, precisamos agir. Porque a solução está em nós. Não depende de uma lista de propostas que não serão implementadas. Não poderia emergir da criação de compromissos sem consistência. A solução vai ocorrer graças a respostas diferentes, que pressupõem uma profunda revolução democrática. Isso leva tempo, e depende da nossa união, da nossa coragem, da nossa vontade comum.

É nessa revolução democrática que eu acredito. É por ela que, na França e na Europa, vamos conduzir juntos a nossa própria revolução, em vez de sofrer com ela.

E foi essa revolução democrática que me propus detalhar nas páginas a seguir. Nelas você não vai encontrar programas e nenhuma dessas mil propostas que fazem a vida política se parecer com um catálogo de esperanças frustradas. Aqui você terá uma visão, um relato, uma vontade.

Os franceses têm uma vontade, em geral negligenciada por seus governantes. É a essa vontade que eu quero servir. Não tenho outro desejo além de ser útil ao meu país. Foi por essa razão que decidi me candidatar à eleição presidencial da República Francesa.

Avaliei a exigência do cargo e a gravidade da nossa época. No entanto, nenhuma outra escolha me pareceu mais honorável, porque ela está de acordo com o que vocês querem fazer, com uma França a ser reconstruída, empregando nessa ação nossa energia e nossa altivez. A altivez de uma França empreendedora e ambiciosa.

Estou intimamente convencido de que o século XXI, no qual, finalmente, entramos, também está repleto de promessas, de mudanças que podem nos tornar mais felizes.

É isso que proponho.

Essa será a luta do povo pela França, e não conheço nenhuma mais bela.

CAPÍTULO I

O QUE SOU

No momento em que me entrego a essa aventura, devo lhes dizer de onde venho e no que acredito. A vida pública não permite que nos expliquemos de verdade. Tenho, agora, 39 anos. Nada me predestinava às funções que exerci como ministro da Economia, nem ao meu atual engajamento político. Eu realmente não saberia explicar esse percurso. Vejo apenas o resultado que, no fundo, nunca é definitivo: vem de um longo processo, envolvendo um anseio total pela liberdade e também, certamente, a oportunidade.

Nasci em dezembro de 1977 em Amiens, capital da Picardia, numa família de médicos que atendiam em hospitais. A família havia ascendido à classe média, como se dizia antigamente, por meio do trabalho e do talento. Meus avós eram professora, ferroviário, assistente social e engenheiro de pontes e estradas. Todos vieram de classes modestas. A história da minha família é a de uma ascensão republicana na província francesa, entre os

Altos Pirineus e a Picardia. Essa ascensão se deu por meio do conhecimento e, mais exatamente na última geração, da medicina. Para meus avós esse era um caminho real, e eles quiseram que seus filhos seguissem por ele. E foi dessa forma que meus pais e, atualmente, meu irmão e minha irmã se tornaram médicos. Eu fui o único que não seguiu esse caminho. Não por aversão à medicina, pois sempre tive inclinação pelas ciências.

Entretanto, no momento de escolher a vida que eu desejava levar, eu quis um mundo, uma aventura que fosse minha. Desde que posso me lembrar, sempre tive essa vontade: escolher o meu destino. Tive a sorte de ter pais que, mesmo me encorajando a trabalhar, viam a formação como uma aprendizagem da liberdade. Nunca me impuseram nada e permitiram que eu me tornasse quem eu queria ser.

Portanto, escolhi a minha vida, como se, a cada etapa, eu descobrisse um sinal. As coisas nem sempre foram fáceis, mas eram simples. Precisei trabalhar muito, mas eu gostava disso. Tive fracassos, às vezes amargos, mas não me desviei do meu caminho, porque era o que eu havia escolhido. Foi ao longo desses anos de aprendizagem que se forjou em mim a convicção de que nada é mais precioso do que ter liberdade, do que buscar o projeto que escolhemos, realizar o próprio talento, qualquer que seja ele. E todos têm em si esse talento. Mais tarde, essa convicção determinou meu engajamento político, me tornando sensível à injustiça de uma sociedade de classes, de status, de castas, de desprezo social, onde tudo conspira — e com que resultado! — para impedir o desenvolvimento pessoal.

* * *

O QUE SOU

Minha avó me ensinou a trabalhar. Desde os 5 anos, depois que as aulas terminavam, eu passava muitas horas ao lado dela, aprendendo gramática, história, geografia... E lendo. Passei dias inteiros lendo com ela. Molière e Racine, George Duhamel, autor um pouco esquecido mas de quem ela gostava, Mauriac e Giono. Ela compartilhava com meus pais o gosto pelos estudos, e minha infância foi marcada por sua expectativa inquieta do meu retorno após qualquer prova, por mais insignificante que fosse.

Esse foi um luxo inestimável para mim. Tive uma família que se preocupava comigo, para a qual, em certos momentos, nada tinha importância além da minha prova, da página escrita, e que expressava a preocupação com as palavras que Léo Ferré[1] canta numa música que sempre me emociona: "Não volte muito tarde e, principalmente, não pegue frio."

Essas palavras embalaram minha infância e representam uma parte do que é mais importante de tudo: a ternura, a confiança, o desejo de fazer bem-feito. Muitos não tiveram a mesma sorte que eu. O que se faz dessa sorte depois, claro, é outra coisa. Mas até hoje não consigo pensar na escola republicana sem me lembrar da minha família, cujos valores eram tão profundamente afinados com os ensinamentos daqueles mestres, ou nos professores, que consideravam questão de honra suprir as carências para conduzir os alunos ao melhor possível. Poucos países são capazes dessa empolgação, dessa vontade, desse

---

[1] Léo Ferré (1916-1993). Nascido em Mônaco, foi poeta, compositor e intérprete. Referência à música e letra de Ferré, "Avec le Temps", gravada em outubro de 1970. [*N. da T.*]

amor, e, em todas as gerações, devemos zelar para que essa chama não se apague.

Minha infância, portanto, eu passei com os livros, um pouco fora do mundo. Era uma vida sossegada, numa cidade da província francesa; uma vida feliz, que passei lendo e escrevendo. Na maior parte do tempo eu vivia para os textos e para as palavras. As coisas se tornavam consistentes quando eram descritas, e às vezes se tornavam mais reais do que a própria realidade. O curso secreto, íntimo, da literatura se sobrepunha às aparências, conferindo ao mundo toda a sua profundidade, que no cotidiano apenas vislumbramos. A verdadeira vida não se ausenta quando lemos. Eu só viajava em espírito. Conhecia a natureza, as flores e as árvores pelo estilo dos escritores e mais ainda pelo fascínio que criavam. Aprendi com Colette o que era um gato ou uma flor, e com Giono sobre o vento frio da Provence e a verdade sobre os personagens. Gide e Cocteau eram meus companheiros insubstituíveis. Eu vivia numa reclusão feliz com meus pais, meus irmãos e irmãs e meus avós.

Para meus pais, estudar era essencial. Eles sempre me cercaram com uma atenção extrema, permitindo que eu fizesse minhas escolhas e construísse minha liberdade.

Para minha avó, a literatura, a filosofia e os grandes autores vinham em primeiro lugar. Os estudos lhe haviam permitido mudar de vida. Ela nascera numa família modesta de Bagnères--de-Bigorre; seu pai era chefe da estação ferroviária e sua mãe, faxineira. Minha avó foi a única criança da família a prosseguir com os estudos além do ensino fundamental, estágio em que sua irmã e seu irmão tiveram que começar a trabalhar. A mãe dela não sabia ler. O pai lia mal e sem compreender as nuances.

Ela me contou algo que aconteceu em seu tempo de escola: na sexta série, ao voltar para casa com um boletim que continha os dizeres "boa aluna em todos os aspectos", o pai entendera se tratar de uma queixa sobre hábitos levianos e lhe dera um tabefe. Depois, no terceiro colegial, minha avó havia cruzado com um professor de filosofia que percebera que ela sobressaía. Ele a estimulara a continuar os estudos em Letras por correspondência, para obter, alguns anos antes da guerra, o diploma que lhe permitiu lecionar em Nevers, levando com ela a mãe, que era o que hoje denominamos "mulher vítima de violência doméstica" e junto de quem ela ficou até o fim.

Minha avó foi professora e eu queria, ao escrever essa palavra, libertá-la de seu significado administrativo para lhe dar o brilho de uma paixão intensa, vivida com dedicação e paciência admiráveis. Eu me lembro das cartas de suas ex-alunas, das visitas delas. Minha avó lhes havia mostrado o caminho no qual passamos do conhecimento para a liberdade. Não era um caminho espinhoso: depois das aulas, elas tomavam chocolate quente ouvindo Chopin, descobrindo Giraudoux.[2] Minha avó vinha do mesmo meio social que suas alunas, filhas de artesãos ou de agricultores da Picardia. Ela as conduzia pelas etapas que havia conhecido e lhes abria as portas do conhecimento, do belo, talvez até do infinito.

Na época, havia muito preconceito a ser combatido nas famílias. Nada desencorajava seu temperamento otimista, sobretudo porque sabia, por experiência própria, que o que desejava transmitir era o melhor do que aquilo que chamamos de civilização

---

[2] Jean Giraudoux (1882-1944). Escritor e diplomata francês. [*N. da T.*]

e que era nossa honra coletiva não aceitar que as moças fossem privadas daquilo.

Provavelmente fui seu último aluno. Agora que ela não está mais entre nós, não se passa um dia sem que eu pense nela ou procure seu olhar. Não que eu queira encontrar nesse olhar uma aprovação que ela já não pode me dar, mas porque eu gostaria de me mostrar digno de seus ensinamentos no trabalho que tenho a fazer. Nos últimos anos, muitas vezes pensei nas jovens muçulmanas, cobertas com véu, na escola ou na universidade. Acho que ela teria lamentado a pressão do obscurantismo que impede essas jovens de ter acesso ao verdadeiro saber, aquele que é livre e pessoal. No entanto, como havia dedicado a vida à educação de moças, ela pôde avaliar que essa educação não acontecia naturalmente, mesmo num país como o nosso; acredito que minha avó teria lamentado o fato de não encontrarmos nada melhor do que a proibição, do que o enfrentamento, essa hostilidade tão contrária, em sua natureza, ao que se deve fazer entrever. Nesse campo, não se faz nada de bom sem amor.

E eu tive essa sorte. Eu me lembro de seu rosto, de sua voz. Lembro-me de suas memórias. De sua liberdade. De suas exigências.

Eu me lembro das manhãs, bem cedo, quando ia encontrá-la em seu quarto, onde ela me contava as histórias interessantes da guerra, de suas amizades. Ainda criança, eu retomava a cada dia o fio da conversa interrompida e viajava em sua vida como quando retomamos um romance. Lembro o cheiro do café que ela preparava, às vezes no meio da noite. E de quando a porta do meu quarto era entreaberta às sete horas da manhã, quando eu ainda não tinha ido me juntar a ela, e minha avó exclamando, com uma preocupação fingida: "Ainda está dormindo?"

Lembro-me de tudo o que não quero colocar em palavras e que nos liga indefectivelmente.

Com meus pais as conversas também giravam em torno dos livros. Foi com eles que uma outra literatura, mais filosófica e contemporânea, me foi revelada. Ou então as longas conversas médicas em que o dia a dia do hospital, a evolução dos tratamentos e das pesquisas eram objeto de polêmicas intermináveis. Alguns anos depois, meu irmão Laurent, que se tornou cardiologista, e minha irmã Estelle, que se tornou nefrologista, os substituíram.

No fundo, em todos esses anos, aprendi sobre o esforço e o desejo de conhecimento na busca pela liberdade. Mesmo que mais tarde eu tenha descoberto o prazer da atividade e das responsabilidades, conheci a felicidade dessa vida sossegada, longe da agitação dos homens. São raízes que protegem. E que, creio, nos tornam sábios.

Naquela época, eu tinha apenas dois outros interesses: o piano e o teatro. O piano foi uma paixão da infância que nunca me abandonou.

O teatro eu descobri na adolescência. Foi como uma revelação. Dizer em cena o que havia lido tantas e tantas vezes com a minha avó, ouvir os outros representarem, criarmos juntos um momento que tomava forma, que fazia rir, emocionava.

Foi no ensino médio que conheci Brigitte — por causa do teatro. As coisas aconteceram discretamente e eu me apaixonei. Por uma cumplicidade intelectual que se tornou, dia após dia, uma proximidade sensível. E depois, sem que nenhum de nós lutasse, uma paixão que ainda permanece.

Todas as sextas-feiras eu passava algumas horas com ela escrevendo uma peça de teatro. Isso durou meses. Depois que escrevemos a peça, decidimos encená-la. Conversávamos sobre tudo, e a escrita acabou se tornando um pretexto. Eu tinha a sensação de que nos conhecíamos desde sempre.

Depois de alguns anos, consegui levar a vida que queria. Nós nos tornamos inseparáveis, apesar de alguns ventos contrários.

Aos 16 anos, saí de minha província e fui para Paris. Muitos jovens franceses passam pelo processo de deixar a casa dos pais. Para mim, foi a melhor das aventuras. Fui morar em lugares que só existiam nos romances, enveredei pelos caminhos dos personagens de Flaubert, de Hugo. Fui levado pela ambição devoradora dos jovens lobos de Balzac.

Adorei aqueles anos passados no alto da montanha Saint-Geneviève, na margem esquerda do Sena.

Era um aprendizado constante. Mas não posso deixar de dizer que, se em Amiens eu sempre era o primeiro da turma, em Paris já não me destacava. Descobri a minha volta talentos inéditos, verdadeiros gênios da matemática, sendo que, para mim, tudo era mais difícil. Também preciso confessar que naqueles primeiros anos parisienses optei por viver e amar, em vez de me entregar à competição entre estudantes.

Eu tinha uma obsessão, uma ideia fixa: levar a vida que tinha escolhido com a mulher que amava. Queria fazer tudo para conquistar isso.

As portas da Escola Normal Superior continuavam fechadas para mim. Então, por convicção, comecei a estudar Filosofia em Nanterre e, pelo maior dos acasos, me matriculei em Ciências Políticas.

Foram anos felizes, constantemente animados pela aprendizagem livre, pela descoberta, pelos encontros. Gostei daqueles lugares porque neles aprendi muito. Tive a sorte de conhecer Paul Ricoeur, graças à generosidade de meu professor de história e biógrafo paciente do filósofo. Foi um encontro fortuito, pois ele estava à procura de alguém para arquivar seus documentos.

Nunca vou me esquecer das primeiras horas que passamos juntos em Murs Blancs, em Châtenay-Malabry. Eu escutava sem me intimidar. Isso acontecia, devo confessar, por causa de minha completa ignorância: Ricoeur não me impressionava porque eu não o tinha lido. A noite caiu e não acendemos as luzes. Continuamos a falar, numa cumplicidade que começava a se instalar.

Desde aquela tarde, demos início a uma relação única: eu trabalhava, comentava os textos dele, acompanhava suas leituras. Por mais de dois anos, aprendi ao lado dele. Eu não tinha nenhuma qualificação especial para desempenhar aquele papel, então a confiança de Ricoeur me obrigou a crescer. Graças a ele, eu lia e aprendia todos os dias. Ele concebia seu trabalho como a leitura contínua de grandes textos e, com frequência, comparava-se a um anão sobre o ombro de gigantes. Olivier Mongin, François Dosse, Catherine Goldenstein e Thérèse Duflot foram as presenças amigáveis e vigilantes daqueles anos, que me transformaram profundamente.

Ao lado de Ricoeur, aprendi sobre o século anterior e aprendi a pensar a história. Ele me ensinou a gravidade com a qual devemos assimilar determinados assuntos e certos momentos trágicos. Ele me ensinou a pensar pelos textos no contato com a vida, num vaivém constante entre a teoria e o real. Paul Ricoeur vivia nos textos, mas com uma vontade de iluminar o curso do mundo, de construir um sentido para o cotidiano. Jamais ceder à facilidade das emoções ou do que é dito. Nunca se fechar em uma teoria que não se confronte com a realidade. É nesse desequilíbrio permanente, porém fecundo, que o pensamento pode ser construído e que se pode realizar a transformação política.

Nós somos o que aprendemos a ser ao lado dos nossos mestres. Todo esse companheirismo intelectual me transformou. E foi por meio de Ricoeur. Uma exigência crítica, uma obsessão pelo real e uma confiança no outro. Eu tive essa sorte, e tenho consciência disso.

Durante aqueles anos, forjei em mim a convicção de que o que me motivava não era simplesmente estudar, ler ou compreender, mas agir e tentar mudar as coisas concretamente. E foi por isso que me encaminhei para o Direito e para a Economia, e então que escolhi o serviço público. Ao lado de alguns amigos que me eram caros, e que hoje em dia ainda me acompanham, me preparei para o concurso da Escola Nacional de Administração o (ENA).

Integrei essa escola e logo fui encaminhado para um estágio de um ano em Administração. É aí que se adquire experiência, e é na prática que os funcionários do governo começam a se formar.

Gostei muito desse ano de estágio e da aprendizagem, e nunca defendi a supressão da ENA. O que peca no sistema francês é a carreira dos altos funcionários, protegidos demais, enquanto o restante do mundo vive em mudança.

Comecei, então, a servir o Estado na embaixada da França na Nigéria. Por seis meses tive a sorte de trabalhar com Jean-Marc

Simon, um embaixador notável. Em seguida, fui nomeado para a prefeitura de Oise. Uma outra faceta do Estado que tive a oportunidade de descobrir: o Estado no território, os eleitos locais, a ação pública. Vivi todos aqueles meses com muito entusiasmo e construí amizades sólidas que duram até hoje. Uma das mais importantes é a que tenho com Michel Jau.

Foi nessa ocasião que conheci Henry Hermand, uma pessoa muito especial para mim. Desde o início, nosso relacionamento apresentou-se, ao mesmo tempo, como uma filiação amigável e uma paixão comum pelo engajamento político. Esse homem excepcional foi não apenas um empresário de sucesso, mas também um companheiro de estrada em favor do progressismo francês durante décadas. Foi ele que me apresentou a Michel Rocard.

Ambos morreram em 2016, com alguns meses de intervalo. Nunca deixei de me encontrar com eles ao longo desses quinze anos, tanto em reuniões quanto em discussões pessoais e políticas. Michel Rocard e eu éramos muito diferentes, não apenas em relação à idade, experiência e funções exercidas. Ele tinha, mais do que eu, uma cultura partidária, uma vontade de mudar o partido a qualquer custo. Sua exigência intelectual, determinação e amizade me marcaram profundamente. Ele foi o primeiro a encorajar minha preocupação com o mundo; quer se tratasse de grandes assuntos internacionais em sua profundidade histórica ou da causa climática, que foi o cerne de seu combate por trinta anos, incluindo a defesa da região dos polos.

Minha formação na ENA foi um período surpreendente. Eu não tinha realmente vocação nem referências. Portanto, o fato de ter me classificado foi uma boa surpresa, que me ofereceu muitas opções. A inspeção das finanças foi a descoberta de um novo mundo para mim. Um mundo administrativo, certamente, mas que, para mim, tinha o encanto da novidade. Ao longo de quatro anos e meio, aprendi o rigor da verificação e a riqueza do trabalho fora da sala de aula. A intimidade da ação pública e o companheirismo de um trabalho feito por muitos.

Assim, pude percorrer o território e passar semanas inteiras entre Troyes, Toulouse, Nancy, Saint-Laurent-du-Maroni e Rennes. Foram momentos de parceria, quando aprendemos a analisar, a examinar os múltiplos mecanismos que fazem a vida do Estado e de seus agentes.

Foi nessa época que me tornei vice-relator geral da Comissão para a Libertação do Crescimento Francês, presidida por Jacques Attali. Por seis meses, tive a sorte de trabalhar ao lado dele, numa comissão formada por quarenta membros, dos quais muitos se tornaram meus amigos. Essa comissão foi a ocasião em que pude conhecer mulheres e homens extraordinários — intelectuais, funcionários públicos e empresários que moldaram a França —, aprender com cada um deles e, ao mesmo tempo, me abrir para várias questões que nunca mais deixei para trás.

Depois desses anos, troquei o serviço público pelo setor privado e empresarial.

Eu queria aprender a linguagem deles, enfrentar os desafios internacionais, mesmo sabendo que um dia voltaria para o serviço público. Ao longo de todos esses anos, sempre me interessei por política. Pela revista *Esprit*, conheci os simpatizantes de

Jean-Pierre Chevènement e, depois, passei rapidamente por um partido socialista, mas não me encontrei nele. Percorri as terras de Pas-de-Calais, onde, com o tempo, Brigitte e eu construímos nossos laços.

Então, ao deixar o serviço público, fui para o banco de investimentos Rothschild. Tudo ali era novo para mim. Por vários meses tive contato com os métodos e a técnica ao lado tanto de pessoas mais jovens quanto mais vividas nesse trabalho. Posteriormente, guiado por banqueiros experientes, aprendi essa profissão estranha, feita da capacidade de compreender um setor econômico e desafios industriais, de convencer um diretor nas escolhas estratégicas e acompanhá-lo na execução dessas escolhas em meio ao jargão técnico. Naqueles anos, descobri o comércio e sua força considerável, mas, sobretudo, aprendi muito sobre o mundo.

Não compartilho nem a exaltação daqueles que glorificam essa vida como o horizonte intransponível do nosso tempo, nem a amargura crítica daqueles que veem nela a lepra do dinheiro e a exploração do homem pelo homem. Ambas as visões me parecem marcadas por um romantismo juvenil inoportuno.

Passei muito tempo com colegas excepcionais. David de Rothschild soube, com inteligência e elegância, reunir talentos e personalidades que normalmente não trabalhariam juntos. O fato é que essa profissão não significa gerenciar o dinheiro. Não se trata de emprestar nem de especular. É uma profissão de consultoria, cujo recurso principal está nas pessoas.

Não me arrependo de nada dos quatro anos que passei trabalhando no banco. Fui muito criticado, pois quem não conhece esse universo fantasia sobre o que se trama nele. Aprendi uma profissão;

todos os políticos deveriam ter uma. Conheci vários setores e inúmeros países, o que me foi útil mais tarde. Convivi com homens de decisão, o que sempre é um ensinamento. Ganhava bem, mas não fiz nenhuma fortuna que me permitisse não trabalhar.

Em 2012, por convicção, optei por sair do banco e voltar a servir o Estado. Dois anos antes eu já havia decidido me engajar e preparar o programa e as ideias da esquerda reformista no que se referia à economia, a pedido de François Hollande. Após sua eleição, quando o presidente da República me fez a proposta, fui trabalhar no Palácio do Eliseu. Passei dois anos ao lado dele como secretário geral adjunto, cuidando dos assuntos da Zona do Euro e da economia.

Isso é tudo sobre o serviço público; não tenho muito a dizer sobre esses anos. Os conselhos pertencem àqueles que os receberam. Espero que os meus tenham sido bons, seguidos ou não; sem dúvida não foram maus. Assumo tudo. E nem tudo foi bem-feito. Solicitei liberação de minhas funções dois anos depois e saí do Palácio do Eliseu em julho de 2014.

Não pedi nenhum cargo político nem responsabilidades numa grande empresa ou no funcionalismo público, como, em geral, é o hábito. Preferi, como se diz, me virar sozinho, empreender e ensinar. Não pensava em voltar. Aliás, cheia de zelo, uma comissão denominada "deontologia"[3] praticamente me proibiu, na época, de ver o presidente da República. De tão irreais, esses excessos provocam o riso. Mas, para mim, não faziam

---

[3] A Comissão de Deontologia da Polícia Nacional é responsável pela garantia das liberdades, defesa das instituições da República, para a manutenção da paz e da ordem pública e a proteção das pessoas e bens. [N. da E.]

diferença. Eu ia seguir outro caminho. Depois, fui chamado novamente pelo presidente para ser ministro da Economia.

O que aconteceu a partir de então já é mais conhecido do público. Criei iniciativas e consegui apoio. Passei centenas de horas no Parlamento para acompanhar uma lei que achava útil. Uma lei que derrubaria barreiras, abriria os acessos, apoiaria a atividade, restauraria o poder de compra e criaria empregos.

Tentei elaborar uma política industrial ambiciosa, baseada na inovação e no investimento. Depois de anos de declínio, a prioridade era defender a indústria francesa com energia e paixão, permitindo recuperações espetaculares como a PSA[4] e o Estaleiro do Atlântico.[5] Meu plano era conduzir uma política de "voluntarismo lúcido", que travasse combates úteis para a indústria e a soberania econômica da França, quer se tratasse de reestruturações difíceis, como a área nuclear e petrolífera, quer se tratasse da defesa do aço francês. No entanto, nunca me iludi a respeito dos limites do intervencionismo público diante de situações desesperadoras. Tive, também, fracassos, os quais reconheço com tristeza. Com apoio ao investimento, à mobilização de nossas indústrias em torno de soluções concretas e ao desenvolvimento da "*French tech*",[6] eu quis preparar a indústria do amanhã. Afinal, novos ventos também sopravam nessa direção em nosso país.

Então veio a época da resistência e das discordâncias.

---

[4] A PSA é a multinacional francesa de automóveis formada pelas marcas Peugeot, Citroën, DS Automobiles, Opel e Vauxhall Motors. [*N. da E.*]

[5] O Estaleiro Francês do Atlântico localizado em Saint-Nazaire é o único estaleiro capaz de construir porta-aviões. [*N. da E.*]

[6] Programa de incentivo francês para a criação de startups [*N. da E.*]

Depois dos atentados do outono de 2015, a renúncia a uma estratégia indispensável para agarrar as novas oportunidades econômicas do país, a ausência de uma verdadeira vontade reformista e de maior ambição europeia e a escolha de um debate em torno da decadência de nacionalidade — que dividia o país sem dar uma resposta para o que tinha acabado de acontecer — me pareceram erros, verdadeiros equívocos políticos. Enquanto a crise e a desesperança social alimentavam o extremismo e a violência, no momento em que nossos vizinhos souberam encontrar soluções para reduzir o desemprego de forma duradoura, o verdadeiro estado de urgência a ser declarado era, a meu ver, econômico e social.

Não escondi essas discordâncias. Quanto à minha ação como ministro, ela era entravada pelo acúmulo dos erros de análise, das incompetências técnicas e de segundas intenções pessoais. Decidi tomar uma iniciativa política e lançar o movimento *En Marche!* (Em Marcha) em 6 de abril de 2016, em Amiens, minha cidade natal. Quaisquer que tenham sido os entraves encontrados em minha ação, essa iniciativa nunca foi construída "contra", e sim "para". "O contra não existe", dizia Malraux. Sou um homem do "para". Para tentar ultrapassar as separações políticas cujas consequências negativas eu avaliara, para tentar ir mais longe na necessária reestruturação do país. Para construir um projeto, para resgatar o fio de nossa história e a dinâmica do progresso, para que nossos filhos vivam melhor do que nossos pais. Para agarrar o desejo de participação que permeia a sociedade francesa, para fazer surgir novos rostos, novos talentos.

Nos meses seguintes, uma certeza se impôs: eu tinha que sair do governo. Era coerente, era o que eu devia à concepção que eu tinha das coisas, àquelas e àqueles que me seguiam, à ideia que eu concebia de nosso país.

Vou dizer algumas palavras sobre a grande ária da traição que cantaram contra mim, nada mais. Sobre o que está subentendido e que me parece revelador da crise moral da política contemporânea. Quando dizem que eu deveria ter obedecido ao presidente como um robô, que deveria renunciar às minhas ideias, acorrentar ao destino dele a realização do que acredito ser justo, simplesmente porque ele me havia nomeado ministro, o que estão dizendo? Que a ideia do bem público deve desaparecer diante da do serviço prestado. Fiquei impressionado ao ver a ingenuidade daqueles que queriam me acusar confessando que, para eles, no fundo, a política obedecia à regra do grupo social: à regra da submissão, na esperança de uma recompensa pessoal. Acredito que, quando os franceses se afastam da política ou são levados aos extremos, são movidos por um instintivo desgosto por causa desses hábitos.

Atribuí à distração as afirmações do presidente sobre a dívida que eu teria para com ele. Sei que ele era muito fiel à dignidade das funções públicas e aos valores fundadores da vida política republicana para ter aderido, mesmo que por um instante, a essa concepção perigosa de pequenos acordos entre codevedores. Essa foi, também, a razão pela qual, sem abandonar o respeito, eu me despedi dele com tristeza. Ele me dera a oportunidade de servir ao meu país ao seu lado e, depois, como membro do governo.

Minha fidelidade se dirige apenas ao meu país, não a um partido, a uma função ou a um homem. Só aceitei as funções que tive porque elas me permitiam servir à França. Foi o que eu disse no primeiro dia, e isso nunca mudou. Quando os obstáculos postos em meu caminho — a carência de renovação de ideias e de homens, a terrível falta de imaginação e a inércia geral — me mostraram que nenhuma ação útil seria possível, me livrei das consequências pedindo demissão. Minha concepção da ação pública não é nem a gestão de carreira, nem a de ficar na fila esperando a vez com um tíquete na mão. É a do engajamento compartilhado, fundamentado no trabalho. Para mim, nada mais conta, e menos ainda as críticas ou as calúnias daqueles cuja lealdade não é ao país e sim a um sistema, cujo funcionamento compreenderam perfeitamente para obter vantagens e recompensas. E lá vamos nós.

Ao longo de todos esses anos, Brigitte compartilhou da minha vida. Nós nos casamos em 2007. Foi a consagração oficial um amor inicialmente secreto, muitas vezes escondido, não compreendido por muitos antes de ser imposto a eles.

Sem dúvida, fui um obstinado. Ao lutar contra as circunstâncias de nossas vidas, que tinham tudo para nos afastar. Ao me opor à ordem das coisas, que, desde o primeiro segundo, nos condenava. Mas devo dizer que foi dela a verdadeira coragem. Foi ela quem teve uma determinação generosa e paciente.

Brigitte era casada e tinha três filhos. E eu era um estudante e nada mais. Ela não me amou pelo que eu tinha, por uma situação. Pelo conforto ou pela segurança que eu lhe traria. Ela renunciou a tudo isso por mim. Mas fez isso com uma preocupação constante com filhos. Nunca impondo nada, mas fazendo com que compreendessem, com ternura, que o impensável podia acontecer.

Só bem mais tarde compreendi que a vontade dela de reunir nossas vidas era a condição para nossa felicidade. Graças a ela, acredito, seus filhos foram, pouco a pouco, compreendendo e aceitando nosso relacionamento. Nós construímos, ao menos é o que eu espero, uma outra família. Um pouco não convencional e, certamente, diferente. Mas uma família na qual a força do que nos une é ainda mais invencível.

Sempre admirei nela esse comprometimento e essa coragem.

Inicialmente, como professora de francês e de latim, Brigitte nunca deixou de exercer, com uma exigência condescendente, essa profissão descoberta aos 30 anos e que ela amava mais que tudo. Eu a vi passar muitas horas com adolescentes que tinham dificuldades. Isso porque ela tem uma sensibilidade inquieta, capaz de compreender as falhas deles. Por trás do seu entusiasmo decidido, existe um universo de sensibilidade ao qual apenas os mais frágeis têm acesso e onde podem se reencontrar.

Como mãe, ela teve a mesma determinação afetuosa. Acompanhou cada um dos filhos em suas vidas e nos estudos. Sempre presente, mas com uma ideia firme do que esperava deles. Não se passa um dia sem que Sébastien, Laurence e Tiphaine liguem para ela, a vejam ou a consultem. Brigitte é a bússola dos filhos.

Pouco a pouco, minha vida foi sendo preenchida pelos três filhos dela e seus cônjuges, Christelle, Guillaume e Antoine, e por nossos sete netos: Emma, Thomas, Camille, Paul, Élise, Alice e Aurèle. É por eles que lutamos. Não lhes dedico tempo suficiente e esses anos, aos olhos deles, são anos roubados. É isso que me impede de desperdiçá-los. Nossa família é o alicerce da minha vida, a minha força. Nossa história plantou em nós uma vontade resistente de não ceder ao conformismo quando acreditamos em algo com força e sinceridade.

CAPÍTULO II

NO QUE EU ACREDITO

Eis, em algumas páginas, o resumo da minha vida, ao menos aquela que devemos contar quando nos engajamos na política. Algumas vezes tive que explicar meu percurso, interpretado como o de uma pessoa ambiciosa, de um homem apressado. Não o vejo assim. Simplesmente, ainda muito jovem, compreendi o que devia a outras pessoas, não a mim, não somente a meus pais, a meus avós ou a meus mestres, mas a essa sucessão de gerações que nos deixou, à custa de grandes sacrifícios, o amor pela liberdade.

Sei o que devo àqueles que acreditaram em mim.

Sei, antes de tudo, o que devo ao meu país. É o sentimento dessa dívida que me impele a agir.

Então, ao fazer isso, decidi não pagar nenhum tributo a um sistema político que nunca me reconheceu verdadeiramente como um dos seus. Se decidi desafiar as regras da vida política, foi porque nunca as aceitei. Acredito profundamente na democracia e na vitalidade da informação para o povo. Mas quero recuperar o que faz a riqueza da conversa direta com os franceses, ouvindo aquilo de que eles têm raiva, considerando suas expectativas, falando para seu intelecto. Foi essa a escolha que fiz. Minha ambição é me dirigir diretamente a meus concidadãos e convidá-los a também se engajarem.

Não acredito que, hoje em dia, nosso país deva se submeter a esse conformismo de casta que ensina que é preciso passar toda uma vida na política para pretender assumir as funções supremas. Ter liberdade real em relação a esse sistema e, ao mesmo tempo, conhecer a intimidade da fábrica da lei e da decisão pública, tudo isso, estou convencido, é uma força. Em todo o caso, é o que me ajuda na luta em que me lancei.

Isso porque nossa situação atual não é aceitável nem tolerável. Estamos retraídos em nossas tristes paixões, na inveja, na desconfiança, na desunião, em certa forma de mesquinharia, às vezes de servidão diante dos acontecimentos. A cultura que herdei é, ao contrário, a de nossas paixões alegres, a favor da liberdade, da Europa, do conhecimento, do universal. Só cabe a nós recuperar essa embriaguez e ver suas realizações. Escrevi este livro, assim como me engajei na ação, para participar desse movimento, que é necessário para nós e no qual reencontraremos nossa alma.

Raramente se acredita nos políticos quando eles escrevem sobre o que são e, menos ainda, sobre o que querem fazer. Eles estão errados em se queixar. Não se pode gozar, ao mesmo tempo, dos atrativos do poder e da admiração do público. Além do mais, essas pequenas empolgações são bem medíocres: ser o centro do grupo, ser servido como nos tempos antigos, gozar de uma notoriedade que muitas vezes não atingimos só pelo nosso talento...

Essas coisas também são perigosas, pois podemos nos deleitar com elas e desaparecer depois de trinta anos de vida pública sem ter feito nada que valesse a pena. E, no fundo, elas não são grande coisa. Porque, para mim, só contam a ação e a realização. Sem isso, a vida política é indigna. É o gosto pela ação, pela transformação que muitos eleitos trazem neles e que anima o cotidiano desses homens. A esse respeito, muitas vezes eles são injustamente arrebatados pelo ressentimento coletivo do momento.

A política não é, e nunca deve ser, uma "profissão regulamentada". A democracia eletiva, ao meu ver, apresenta uma grandeza completamente diferente. É isso que encontramos nos prefeitos e em muitos eleitos locais. Nosso país tem seiscentos mil desses homens, sendo que dois terços são bem-intencionados. Eles trabalham sem descanso, aceitam críticas e atuam pelo interesse geral. É isso que encontramos em muitos eleitos e naqueles que tomam decisões e que, por décadas, trabalharam para alimentar a família. Eles assumiram riscos e quiseram abraçar a política por amor ao país e ao serviço público. No fundo, foi por isso que eu quis me engajar, para mostrar nossa grandeza e o que acredito ser possível hoje em dia para nosso país.

Para isso, devemos fazer o que é necessário. Nosso país está corroído pela dúvida, pelo desemprego, por divisões materiais e, também, morais. Acima desse campo desolado passam em rajadas os movimentos de uma opinião deturpada e declarações interessadas de políticos que vivem essa realidade. Não posso me resignar. Porém, será que devemos dizer que, para a salvação de um homem, ou mesmo de uma política, ou mesmo de uma eleição, ela só pode ser presidencial? Creio que não. Não acredito nisso porque sou um democrata francês.

Como democrata, acho que o povo possui tesouros de energia desconhecidos mesmo por aqueles que pretendem falar em nome desse povo.

Como francês, acredito que nosso destino é resgatar o fio dessa história que nos vê, há mais de mil anos, ocupar um lugar incomparável no concerto das nações. A França é amada pela posição que ocupa. Pela voz que tem. Por sua cultura, sua força, seu povo, sua língua e seus talentos. A França é ela mesma, forte e altiva quando mantém essa posição. E está sempre pronta para isso. É preciso recompor suas forças. Chegamos a esse ponto.

O trabalho do político, em especial do Estado, não consiste em dizer à nação o que fazer ou em dominá-la. Consiste em servi-la. Servi-la, depois de tantos impasses e políticas fracassadas, é confiar nessa vontade sepultada, mas que está lá e deseja o bem e a justiça. Para o Estado, não se trata de regulamentar, de proibir, depois controlar e aplicar sanções. Não se trata de se atribuir o cargo de tutor de um corpo social, arbitrariamente julgado fraco e incapaz de realizar o bem por si mesmo. Trata-se, ao contrário, de permitir que a nação recupere o movimento criador de uma grande história. Trata-se de permitir à sociedade tomar iniciativas, experimentar e encontrar soluções apropriadas. Tanto o general De Gaulle quanto Pierre Mendès-France expressaram melhor do que ninguém que a política devia se comparar à realidade. Compartilho desse pensamento.

O trabalho do político não pode se resumir a aplicar dogmas. Nada é mais contrário à minha concepção de política do que a obstinação do ideólogo. Nossos concidadãos não esperam mais que os responsáveis conduzam debates políticos abstratos. A expectativa deles é que esses responsáveis deem sentido às coisas e desenvolvam soluções concretas e eficazes.

A empreitada não é evidente, em particular para a classe política. Engajar-se nisso exige vencer esquemas de pensamento que são bem cômodos e, em certos aspectos, confortáveis, mas que não correspondem a nada de útil, e por útil entendo simplesmente o que pode concorrer para o advento de um mundo menos inaceitável e menos injusto.

As grandes políticas do passado, as que foram úteis a nosso país, sempre foram inspiradas por esse espírito. O general De Gaulle, mais do que qualquer outro, tinha o sentimento da grandeza da França, e no entanto, renunciou deliberadamente ao Império francês ao compreender que o futuro do país estava se desenrolando no continente europeu, pois havia aprendido, desde criança, que o Império era inseparável dessa grandeza. Ninguém tinha mais senso da justiça do que Pierre Mendès-France. No entanto, em 1945, contra o próprio De Gaulle, ele se tornou um apóstolo do rigor orçamentário, porque viu, além das aparências, as desgraças sociais que o laxismo pode causar.

Decidi não ficar limitado à separação dos dois grupos de outros tempos. Quiseram caricaturar minha vontade de superar a oposição existente entre esquerda e direita: a esquerda denunciando uma traição liberal, a direita me retratando como um fantoche da esquerda. Não posso ficar satisfeito ao ver o desejo de justiça impedido por esquemas antigos, que não dão espaço para a iniciativa, para a responsabilidade e para a inventividade pessoal. Se por liberalismo entendem a confiança no homem, concordo em ser descrito como liberal. Afinal, defendo que todos encontrem em seu país uma vida de acordo com suas esperanças mais profundas. No entanto, se, por outro lado, ser de esquerda é pensar que o dinheiro não dá todos os direitos, que o acúmulo de capital não é o horizonte intransponível da vida pessoal, que as liberdades do cidadão não devem ser sacrificadas a um imperativo de segurança absoluta e inatingível, que os mais pobres e os mais fracos devem ser protegidos sem serem discriminados, então também concordo, de bom grado, em ser descrito como um homem de esquerda.

Nossa vida política hoje em dia está organizada numa separação antiga que não permite mais responder aos desafios do mundo e de nosso país. A esquerda e a direita inicialmente se dividiram entre o princípio de adesão à República e do lugar da Igreja. Em seguida, essa separação se estruturou em torno da defesa dos interesses em um capitalismo industrial em que a esquerda defendia os trabalhadores e a direita, os proprietários. Acontece que, hoje, as grandes questões que atravessam nossa época são a relação com o trabalho, profundamente abalada pelas questões ambientais e digitais, as novas desigualdades, a relação com o mundo e com a Europa, a proteção das liberdades individuais e de uma sociedade aberta em um mundo de riscos. A esquerda e a direita estão profundamente divididas sobre cada um desses temas e, por isso, impedidas de agir. Elas não atualizaram seus sistemas de pensamento ao terem contato com a realidade que nos cerca. Os grandes partidos buscam, de forma permanente, compromissos imperfeitos para esquecer essas divisões e concorrer às eleições.

O que existe em comum entre uma esquerda conservadora que defende o status quo, prega o fechamento das fronteiras e a saída do euro, e uma esquerda social-democrata, reformista, europeia? Quase nada. Foi exatamente isso que dificultou tanto o exercício do governo nos últimos quatro anos. Foi isso que levou a reformas desastradas por uns ou à renúncia por outros. O que existe em comum entre uma direita que prega uma identidade fechada em si mesma e que, no fundo, nunca existiu, que acusa a Europa de todos os males, que prega a brutalidade no plano social, que permanece ambígua no plano econômico, e uma direita europeia, liberal e social? Quase nada também, e foi isso que levou à derrota em 2012. São essas mesmas divisões que hoje são colocadas em prática no debate da direita.

No entanto, cada campo quer repetir, a cada cinco anos, a importância da disciplina do partido, do reagrupamento dos blocos, que seria a única coisa que permitiria sobreviver diante do espectro da Frente Nacional. Atualmente, nossa República está presa nas armadilhas do funcionamento da máquina. As primárias foram inventadas para este fim: designar um chefe, pois os partidos não compartilham mais uma ideologia, não têm empatia e respeito por um único homem. E, também, para contornar o primeiro turno de uma eleição atualmente vista como um segundo turno, tamanha a certeza da qualificação da candidata da Frente Nacional.

Nossos partidos políticos estão mortos por terem deixado de enfrentar a realidade, mas gostariam de se apossar da principal eleição a fim de perdurar. O cansaço democrático e as decepções causadas por esse novo sistema alimentam o próprio enfraquecimento e a inexorável progressão dos extremos.

Nada mudou depois do trauma de 21 de abril de 2002. A classe política e midiática é formada por um grupo de sonâmbulos que não quer ver o que surge. De vez em quando ela fica indignada, sem no entanto tirar desse sentimento nenhuma consequência. Portanto, continuamos a ver as mesmas caras. Ouvimos os mesmos discursos. As mesmas propostas são ouvidas sobre os mesmos assuntos e serão modificadas antes de serem aplicadas, com o intuito de serem deliberadas novamente, com uma grande quantidade de comunicados à imprensa.

Considero uma doença essa comunicação que substituiu tudo: a consciência, a honestidade, o talento e a perseverança.

Ao lado dos sonâmbulos estão os cínicos, muito bem ordenados. Eles também são muitos. São todos aqueles que sabem que seria preciso mudar, porém não se interessam por isso, pois a Frente Nacional lhes permitirá ter acesso ao poder com mais facilidade.

Se não nos recuperarmos, a Frente Nacional acabará tomando o poder, em cinco ou dez anos. Ninguém pode duvidar disso. Não podemos, depois de cada atentado ou de cada eleição perdida, reivindicar a união nacional, pedir sacrifícios ao país e pensar que a classe política pode conduzir seus pequenos negócios como sempre fez. Isso seria um erro moral e histórico. E nossos concidadãos sabem disso. Não se trata de atacar os eleitores da Frente Nacional.[1] Sempre considerei isso um erro. Conheço muitos franceses que escolheram votar a favor dela, não por convicção, mas justamente para protestar contra a ordem estabelecida que os esqueceu ou por contrariedade. É preciso voltar a falar com eles sobre suas vidas. Dar um sentido, uma visão. Combater esse partido que manipula a raiva que sentem.

Por essa razão eu quis fundar uma nova força política que chamamos de *En Marche!*. A verdadeira separação, hoje em dia, é entre os conservadores retrógrados, que propõem aos franceses voltar a uma ordem antiga, e os progressistas reformadores, que acreditam que o destino francês é abraçar a modernidade. Não para ignorar ou para se adaptar servilmente ao mundo, e sim para conquistá-lo, olhando-o bem de frente.

---

[1] A Frente Nacional é um partido político francês fundado em 1972 de extrema-direita e de caráter protecionista, conservador que visa a união de várias correntes nacionalistas. [N. da E.]

CAPÍTULO III

O QUE SOMOS

Agora, precisamos fazer a França entrar no século XXI. Esse é nosso desafio.

Esperamos 1914 para entrar no século XX com estardalhaço. O ano de 2015 nos fez entrar neste novo século com grandes dores e ainda nos recusamos, consideravelmente, a ver isso.

Entrar neste novo século exige saber conciliar o que somos em profundidade e o que devemos nos tornar.

O que é a França e de onde viemos? Desde criança, como já disse, mantenho um vínculo muito íntimo com nosso país. Um vínculo que formei com a língua francesa. A essência do que nos une está aí. Nessas palavras, às vezes gastas ou redescobertas. Nessa língua que carrega toda a nossa história e que nos une desde que Francisco I, em Villers-Cotterêts, teve a genial intuição de construir o reino baseado na língua. Durante a Idade Clássica, a língua perdeu sua truculência rabelaisiana[1] e coabitou por muito tempo com inúmeros patoás cujas sutilezas roubou. Da Bretanha ao País Basco, da Alsácia à Provence e até à Córsega, muitos são aqueles que continuam ligados a essa variedade, à riqueza de suas línguas regionais. Nossa língua carrega nossa história.

Esse fato é o que faz de nós uma nação aberta, porque uma língua se aprende e, com ela, as imagens e as lembranças que ela evoca. Quem aprende o francês e o fala torna-se depositário de nossa história e se transforma em um francês. Ser francês não é unicamente uma questão documental. Conheci estrangeiros que não moravam na França mas que, por amor, se tornaram franceses. Nada é mais grave do que decepcionar esse amor, porque isso é falhar com nossa vocação. Se eu precisasse encontrar um sentido para uma fórmula de que não gosto, a de "francês de raiz", ela designaria não apenas aquele que vive em Mayenne há dez gerações, mas aquele que, não importa de onde venha ou onde esteja, honra a língua francesa. Nada me emociona mais do que o francês que se fala na Guiana, no Caribe e no Pacífico. Ele está lá, o verdadeiro francês dos nossos pais, dos pais que vieram de toda parte e que se estabeleceram em toda a superfície da Terra, esse francês que continua a fazer de nós uma grande nação.

Minha primeira recordação da França são as nossas viagens de carro para o lugar em que passaríamos as férias, nos Pirineus: uma dúzia de viagens que se confundem em minha memória para se tornar uma só, a de um grande filme de paisagens que desfilavam entre Amiens e Bagnères. Eu era uma criança da

---

[1] Relativo a François Rabelais, escritor francês, que fazia questionamentos críticos e sátira aos governantes de seu tempo, assim o termo ficou relativo também aqueles que não respeitam as convenções sociais. [N. da E.]

província, palavra que sempre preferi a "território", que se usa nos dias de hoje. Nascido no Somme, eu vivenciava a chegada a Paris como uma promessa de experiências desconhecidas, de lugares mágicos. Andávamos acompanhando o mundo de *Arsène Lupin*,[2] de *Monte Cristo*, dos *Miseráveis* e, como todos aqueles que gostam de sonhar, eu fazia meus heróis aparecerem na curva das ruas. Em seguida, vinham os encantos lacustres, quase irreais, dos pântanos Poitevin, a luz crua de Bordeaux de Mauriac, os Landes e o odor de terebintina que dominava tudo. Por fim, a cadeia dos Pirineus aparecia no horizonte, o fim da viagem, um refúgio no tempo, um lugar para ser feliz.

A vida de nosso país é feita, para todos, de odisseias comparáveis. E essas mil odisseias francesas tecem o mapa invisível de uma França una e, ao mesmo tempo, diversa, misteriosa e transparente, fiel e refratária. Não existe um sentimento que eu compreenda melhor do que o apego à própria terra. Todos têm seu lugar na França, seu ponto fixo. André Breton, que tanto amou Paris, certo dia chegou, por acaso, aos confins do Lot e conheceu Saint-Cirq Lapopie. Ele exclamou: *"Não quero ir para nenhum outro lugar."* Nunca vou me cansar de contemplar a alma imóvel e fugitiva da França. É o tempo feito em geografia. É uma herança anterior à memória consciente e o gosto de um futuro que permanecerá fiel às esperanças do passado. País feito de palavras, de terras, de rochas e de mares. Essa é a França. Mas não é só isso.

Ela é, também, um Estado e um projeto, o projeto de uma nação que liberta.

---

[2] Arsène Lupin, o Ladrão de Casaca é uma coletânea de nove histórias do escritor francês Maurice Leblanc publicado em 1907. [*N. da E.*]

Nossa história fez de nós filhos do Estado e não do direito, como nos Estados Unidos, ou do comércio marítimo, como na Inglaterra. É, a um só tempo, uma herança bela e perigosa.

O Estado formou a nação com a conquista das fronteiras, das regras, da igualdade de direitos em todas as partes do território. O Estado encarnou o projeto republicano em estruturas cujo ponto de equilíbrio foi, além do mais, difícil de encontrar, como comprova a sucessão de regimes políticos que tivemos. Quando se tratou de assegurar a continuidade de nossa história, depois de 1789, foi para o Estado que os franceses se voltaram. Para nós, a importância dessas figuras familiares, do ministro, do diretor, do prefeito vem daí, dessa necessidade de sempre reunir, a serviço da mesma causa, uma nação variada, múltipla, que não podia se definir tão facilmente quanto muitas outras e que, no entanto, se sentia convidada para um grande destino. E foi, também, o Estado que, ao longo do tempo, reconheceu o lugar de cada um na história nacional.

Foi assim que o Estado, na França, passou a ter um engajamento íntimo com os indivíduos e os grupos.

O Estado estabeleceu, de maneira bem concreta, o projeto emancipador da República. Pela consolidação das liberdades individuais e pelo desenvolvimento da instrução na Terceira República; pelas conquistas sociais da Frente Popular; pela recuperação do país em 1945 e em 1958. O Estado pôde agir apesar das muitas dificuldades porque as perspectivas estavam lá, escancaradas, suscitando a adesão. E, também, porque o progresso, assim implementado, era um progresso concreto e palpável para todos. Por muito tempo os franceses permaneceram em uma espécie de reclusão em seus povoados. Foi a movimentação deles que permitiu ao projeto se tornar real, movimentação possível tanto pela instrução pública quanto pelo desenvolvimento das infraestruturas de transporte, das estradas e do trem. Ainda hoje, o papel do Estado é garantir essa eliminação de barreiras, os acessos, a mobilidade, oferecendo a todos os recursos para viver. As técnicas progrediram, mas o desafio é o mesmo de épocas passadas. A cobertura telefônica, móvel e fixa, a habilitação para dirigir, os transportes coletivos, a carona solidária e os ônibus, o acesso à internet resultam do mesmo imperativo que a conclusão, no passado, da rede rodoviária.

É aí que reside um perigo que precisa ser avaliado com muita precisão. Para atingir seus objetivos, o Estado desenvolveu, na França, com o consentimento geral, um dispositivo oneroso e complicado, destinado a assegurar, o tempo todo, a igualdade e a segurança, dois valores que nos são caros. No entanto, quando o projeto enfraquece e as perspectivas não são mais discerníveis, esse dispositivo não engrena por falta de impulso, passando a ser um estorvo e um peso para toda a nação. Centenas de estruturas que deveriam desaparecer ainda subsistem. Trabalhadores se ocupam de tarefas inúteis. A regra invade tudo, porque é mais cômodo escrever uma lei ou um decreto do que indicar uma direção. Os funcionários públicos encontram uma razão de ser e os políticos, uma oportunidade para justificar seus privilégios. Preso a si mesmo, o estatuto prevalece sobre as razões que presidiram sua criação. O país vive para o governo, e não o governo para o país. Aos poucos, a realidade se afasta. O mundo do poder produz construções imaginárias.

Nada disso é inevitável, e é um erro imaginar o Estado como um mal em si, por razões essencialmente dogmáticas. É preciso, de maneira prática, considerá-lo no período e em sua relação com nossa história pelos serviços que ele presta e pode prestar. Para alguns, o Estado deve poder fazer tudo, até gastar o dinheiro que não tem. Para outros, é do Estado que vem todo o mal, e acabar com ele seria a solução. Na verdade, não é nada disso.

Em torno do Estado é tecido o que nos une, nosso projeto comum: a República.

Temo que esta bela palavra, República, esteja cansada de tanto ser aviltada. Nós a usamos para recusar o que não gostamos, para intolerância, fanatismo, menosprezo das liberdades sem, no entanto, dizer exatamente o que ela encarna. Alguns intelectuais querem diferenciá-la da democracia, a fim de se felicitarem ou se queixarem dela. Falsamente ingênuos, os eruditos se indagam que monarquia nos ameaça para chegarmos a ser obrigados a invocar a República a esse ponto. Como fazer para separar o que nem sempre foi louvável na "República"? A República não é apenas a declaração dos direitos. É, também, a Guerra da Vendée,[3] a colonização, depois, os excessos das guerras coloniais, a censura dos livros e os tribunais de exceção, até uma época bem recente. Tudo o que é bom não é republicano. E tudo o que é republicano não é bom, sem o que seria preciso aplaudir os tribunais republicanos que condenaram o capitão Dreyfus até seu tardio processo de revisão, seria preciso manter a deportação e os trabalhos forçados e a proibição de votar para as mulheres, com as quais os republicanos se acomodaram

---

[3] A Guerra de Vendée ou Vendeia, foi uma guerra civil e contrarrevolução ocorrida na Vendeia, região costeira localizada no sul do vale do Loire, oeste da França, em 1793-1796. [*N. da E.*]

durante décadas até que o general De Gaulle pusesse fim nisso; ou a impossibilidade de fazer abortos até que Valéry Giscard d'Estaing ouvisse o desespero das mulheres; ou a pena de morte até que François Mitterrand a abolisse. Então, do que falamos?

A República que amamos, a que devemos servir, é a de nossa libertação coletiva. Libertação das superstições, religiosas ou políticas, libertação dos preconceitos sociais, libertação de todas essas forças que concorrem para nos tornar escravos, sem que nem sempre tenhamos consciência disso. A República é nosso esforço, um esforço nunca completo. Ela sempre está para ser terminada.

Uma música aparentemente banal, como "Le Chant du départ" [Canção da Partida], banal a ponto de não prestarmos mais atenção a sua letra, diz muito bem: "Um francês deve viver por ela..." E isso não quer dizer tanto uma obrigação, e sim uma realidade. Há muito tempo que os franceses vivem para a emancipação, para a liberdade. "Os republicanos são homens, os escravos são crianças." Os franceses sabem que não se pode viver sob a tirania. A tirania do poder e, também, a das estruturas ultrapassadas, a dos preconceitos, do círculo de influência e dos grupos de pressão. República é não consentir em nada que se oponha a nossos valores. Ela é a encarnação de nossa honra coletiva. Numa carta de guerra, o general Diego Brosset, companheiro da Liberação, escreveu, um pouco antes da morte, no comando de sua divisão: "Não se pode usar a inteligência procurando encontrar razões para aceitar."

Essa nossa França, republicana por natureza, tem inimigos. Os republicanos nunca podem poupá-los de pronunciar seus nomes. Esses inimigos tão diversos têm em comum o fato de serem sonhadores — mas sonhadores às vezes criminosos —, puritanos, utópicos do passado. Eles acreditam ter em seu poder uma verdade sobre a França. O que não é apenas um perigo, mas também um contrassenso. A única verdade que é francesa é a de nosso esforço coletivo para nos tornarmos livres e melhores do que somos; é esse esforço que deve nos projetar no futuro. Os inimigos da República pretendem encerrá-la numa definição arbitrária e estática do que ela é e do que deveria ser. Existem islâmicos que querem tiranizá-la e que, como mostra a experiência, só trazem desgraça e escravidão. Existe a Frente Nacional, que, movida por uma absurda nostalgia do que nosso país nunca foi, faz com que ele traia o que é. Existem aqueles que se aliam à extrema direita, adotando suas teses. Existem os cínicos que fogem da França ou a desprezam. É muita gente e, ao mesmo tempo, não é o suficiente para nos deter.

E é esse projeto que a França carrega há tantos séculos, que estabelece sua posição, seu lugar. Que fez com que a França sempre brilhasse no mundo. Da Renascença ao Século das Luzes, passando pela Revolução Americana até a Declaração Universal dos Direitos Humanos e o antitotalitarismo, a França contribuiu para iluminar o mundo, para libertá-lo do jugo da ignorância, das religiões que escravizam, da violência que nega o indivíduo. Há no espírito francês essa pretensão ao universal que é, ao mesmo tempo, uma indignação constante contra a injustiça e a submissão e uma vontade de dizer aos outros que ela pensa o mundo aqui, agora, e por conta de todos. O espírito dos Enciclopedistas dirigidos por Diderot foi, sem dúvida, a quintessência dessa louca ambição, mas essa ambição somos nós. Por isso, não há nada mais contrário ao que somos do que esse retraimento em nós mesmos.

CAPÍTULO IV

A GRANDE TRANSFORMAÇÃO

A França está infeliz pelo que se tornou e pela sensação de que caminha em direção ao desconhecido, de que não controla mais seu destino e de que perdeu sua identidade. Desde que tenho idade para ouvir os discursos políticos, ouço que o nosso país está em crise. Esse é o sintoma da infelicidade francesa.

A civilização na qual entramos preocupa e se revela para muitos de nossos concidadãos como uma ameaça, um ataque contra o que somos. Mesmo que a civilização seja um processo histórico de evolução, de progresso material, social, cultural e político, para essas pessoas ela é sinônimo de retrocesso, de perda de controle, de inquietude e de insegurança. Mas é possível alterar a maneira como anda o mundo? Creio que não. No entanto, podemos mudá-lo profundamente se decidirmos compreender sua dinâmica.

Os contornos do modelo de sociedade no qual entramos não são mais os de um país, e sim do mundo. Ela é feita de um fluxo de mercadorias, de homens, de dinheiro, em toda a parte e permanentemente, por todo o planeta. Essa civilização veio abalar uma organização que repousava, antes de tudo, em Estados-nações que regulamentavam o essencial de nossas vidas por muito tempo, pois a maior parte desses intercâmbios era realizada dentro de um país. Ao longo das décadas, porém, o mundo viu as lógicas comerciais e financeiras saírem ganhando. E os Estados se tornaram burocracias que tentam resistir a essa realidade econômica ou acompanhá-la sem ter seu pleno controle.

Fui criado em áreas que conheceram as consequências nefastas desses fenômenos. Na minha infância, dezenas de milhares de postos de emprego foram destruídos em Amiens ou em Bagnères, regiões de indústria têxtil. Isso porque as fábricas e os lanifícios se tornaram menos competitivos, e as pessoas podiam comprar roupas mais baratas que vinham do Magrebe, depois do Leste Europeu, depois da China e, agora, do Vietnã. Hoje em dia, basta conversar com um criador de animais da Lozère ou de qualquer outro lugar para entender o absurdo de uma organização que não lhe permite mais viver, obrigando-o a vender seus animais a um preço consideravelmente inferior ao de trinta anos atrás, sendo que os custos desde então só aumentaram.

E a globalização dos fluxos continua a aumentar. Ela cria uma interdependência entre as nações, entre as empresas, entre os centros de pesquisa. Mas nem tudo são negativas. Quase dois milhões de franceses trabalham em multinacionais, e milhões de nós vivemos graças à exportação. Não muito distante de Bagnères, que já mencionei, as atividades aeronáuticas se desenvolvem com sucesso graças a essa globalização. Isso porque a Airbus e tantas outras souberam investir, conquistar novos mercados e, portanto, vencer. Afirmar que poderíamos sair dessa globalização para viver melhor seria uma mentira. E uma mentira condenável, pois essa saída, sem dúvida, faria ainda mais vítimas.

Essas profundas transformações puseram um fim no progresso coletivo — que era assegurado ao longo das décadas — e promoveram uma economia mais rápida e mutante, feita de rupturas tecnológicas brutais. Nossos antepassados, entre guerras e pobreza, viveram tempos mais difíceis do que os nossos, mas eram estimulados pela perspectiva do progresso. O sentimento do progresso estabelece um horizonte psicológico e cria a convicção íntima de que, se trabalharmos, nosso futuro será melhor, e com certeza a vida dos nossos filhos será melhor. Ficaram para trás as décadas em que a França se reconstruiu e acreditou, profundamente, em uma economia de recuperação e de grandes projetos. Havia, então, como hoje, situações difíceis, regiões que sofriam com a perda de suas indústrias a fim de se adequar às transformações, mas permanecia o espírito de reconversão de otimismo. Hoje, ao contrário, a ideia de uma crise permanente se instalou de forma duradoura nas pessoas, acompanhada do medo de um quase inevitável rebaixamento de classe, individual e familiar. Ninguém ou quase ninguém continua a pensar que o crescimento poderia ser suficiente para garantir o destino coletivo. E aqueles que ainda pensam assim não sabem como atingir esse crescimento ou perseguem a ilusão do fechamento das fronteiras e de um país de fábricas nacionais financiadas por obra e graça divina.

É preciso acrescentar que a globalização se acelerou e se intensificou nos últimos anos, em particular, graças à expansão das finanças internacionais. Esse sistema financeiro acompanhou o desenvolvimento do comércio e, depois, experimentou o próprio progresso. O desenvolvimento teve a vantagem de permitir que nossa economia se financiasse mais rapidamente e em melhores condições. No entanto, ele também passou a remunerar atividades cujo único fim era especulativo, sem criar o menor valor real. O desenvolvimento do comércio alimentou a cobiça de alguns. Tudo isso motivou muitos dos franceses a rejeitar totalmente os recursos financeiros. Acontece que nós precisamos deles. Ao fim de cada ano, tomamos dinheiro emprestado no mercado financeiro para pagar nossos funcionários públicos. Se nossas empresas conquistam novos clientes e fazem contratações grande parte disso é graças às finanças.Nessa questão é preciso dar provas de bom senso: lutar contra as finanças sem finalidade e encorajar aquelas que permitem investir.

Acontece que, desde a crise de 2008, temos feito, coletivamente, o contrário. Além de não contermos os excessos, aumentamos as exigências em relação aos bancos e às seguradoras, que têm, no entanto, papel fundamental no financiamento da economia. Além de tudo, essa batalha deve ser travada em âmbito europeu e mundial. Não é uma batalha apenas técnica, e sim política e moral. A atual situação desperta em muitos franceses um sentimento de profunda injustiça. As respostas fáceis demais, que só funcionam na França e consistem simplesmente em punir alguns, não resolvem nada: elas bajulam nossas tristes preferências sem lhes devolver o sentido. Precisamos de algumas medidas internacionais e de uma moral coletiva.

Por fim, essa globalização tomou um novo caminho nos últimos quinze anos com o desenvolvimento da Internet e do universo digital. Novas fronteiras têm sido reveladas. Novos costumes e novas referências transformaram a nossa organização e o nosso imaginário. Mudamos nossos hábitos. Cada vez mais os franceses pedem refeições, fazem compras, pagam, reservam passagens de trem ou alugam carros pela Internet. Mudamos nossa maneira de produzir. Os softwares e a Internet levaram a uma nova forma de automatizar os processos. Essa indústria do futuro transformou nossas empresas, facilitou determinadas tarefas manuais e trouxe como consequência uma capacitação acelerada para muitos trabalhadores. A impressão 3D permitiu fabricar *in loco* pequenos volumes e levou a repensar as cadeias logísticas que às vezes levavam os bens consumidos na França a serem produzidos do outro lado do mundo.

Nossas profissões estão mudando. Segundo as pesquisas, várias dezenas de novas profissões vão surgir nos próximos anos; já apareceram algumas que há dez anos não existiam: gestores de comunidades, especialistas no tratamento de dados de massa... Contudo, ao mesmo tempo, setores inteiros de nossa economia vão precisar sofrer profundas mudanças. Os estudos apontam que de 10% a 40% dos empregos poderão ser automatizados daqui a vinte anos. Nos bancos e nas companhias de seguros, entre um terço e metade das competências atuais não terão mais lugar daqui a cinco, dez anos. Os robôs e os algoritmos vão fazer mais rápido, com mais precisão, por um custo menor e a qualquer hora do dia e da noite, o trabalho repetitivo de muitos assalariados. A comunicação digital, portanto, vai mudar profundamente nossa forma de organização coletiva. As profissões da classe média e, sobretudo, dos assalariados estarão ameaçadas, enquanto novas oportunidades serão oferecidas para empregos que requerem pouca qualificação ou que exigem qualificações até demais. Acontece que as nossas democracias foram construídas para essa classe média que, hoje em dia, vive preocupada com ela mesma e com o futuro dos filhos.

O universo profissional no qual evoluímos há décadas está sofrendo uma revolução. A empresa não oferecerá mais um trabalho para toda a vida, com contrato de duração indeterminada. O tempo e o local estão se dissociando entre o trabalho feito na empresa, na casa dos clientes, nos lugares compartilhados de trabalho ou em domicílio. Cada vez mais mudaremos de empresa, de setor e de status. Essa evolução é inevitável.

Existe, também, uma revolução em nossa maneira de pesquisar e de inovar. As fronteiras entre as disciplinas desapareceram. As convergências entre a genômica, as nanociências, os objetos conectados e a análise de dados possibilitam descobertas antes inimagináveis. A produção de informações é exponencial. Nos últimos anos criamos mais dados do que criamos desde o início da humanidade. Diversas doenças estão prestes a serem tratadas graças a essas inovações. Nosso conhecimento avança de maneira inédita. Mas, ao mesmo tempo, novas reflexões afloram. Comunidades são criadas em torno de projetos preocupantes para a humanidade: o transumanismo, o "homem aumentado"...

A transformação tecnológica vai continuar a ter consequências consideráveis sobre nossa organização produtiva e, também, nas sociedades. Estamos apenas no início do desenvolvimento da inteligência artificial. Hoje em dia, ao mesmo tempo que ela permite aumentar a produtividade e substituir tarefas repetitivas, também elimina postos de trabalho. Muito em breve, vai concorrer com a inteligência humana, criando muitos reflexos sobre a sociedade. Evidentemente, devemos nos preparar para transformações cujos contornos não podemos perceber atualmente. E os poderes públicos terão um papel decisivo, levando em conta as consequências éticas e civilizacionais desse movimento.

Vivenciamos, enfim, uma transformação profunda em nosso imaginário. Agora, com a internet, todo mundo vê tudo, comenta tudo e se compara ao restante do planeta, o que proporciona o sentimento libertador de que tudo é possível e aproxima os indivíduos que têm as mesmas paixões. Ao mesmo tempo, alimenta as neuroses e revela cruelmente as injustiças sociais, as diferenças no padrão de vida. Mostra aos pobres o estilo de vida dos mais ricos, o que pode alimentar a frustração e, até mesmo, a revolta. Veicula imagens pornográficas cujo impacto ainda não foi plenamente assimilado. É, também, por meio da internet que comunidades criminosas podem se estruturar, se desenvolver, impressionando o imaginário com a imagem. O universo digital tem a particularidade de permitir tanto o melhor quanto o pior.

O universo digital não é um setor econômico: é uma transformação profunda da economia, das sociedades e dos sistemas políticos. Ele elimina barreiras ao abrir possibilidades para o indivíduo, e ergue barreiras ao criar clãs e círculos fechados. Trata-se de uma organização profundamente descentralizada, em que todos podem desempenhar um papel e tomar o poder. A multidão recupera a forma, pois cada um pode ocupar seu lugar. Portanto, está muito claro o desafio da civilização atual: ela globaliza e, ao mesmo tempo, individualiza. Ela abala todas as formas clássicas de organização intermediária da sociedade e, em especial, do Estado. Ela supera esse Estado por todos os lados.

Nossas sociedades estão vivendo, além de tudo, uma mudança demográfica: o envelhecimento nos países desenvolvidos, a transição demográfica nos países em desenvolvimento e o crescimento da população mundial são transformações profundas que começaram e continuarão a interferir em nossas organizações e em nossas vidas.

Ao mesmo tempo, entramos numa civilização de risco. Sempre houve guerras; elas estavam na ordem dos fatos. Mas novos riscos mundiais apareceram, e temos plena consciência deles.

Os riscos ambientais se tornaram cada vez mais perceptíveis. Eles se manifestaram em catástrofes tangíveis e brutais como em Bhopal, na Índia, em 1984, em Chernobyl, na antiga União Soviética, em 1986, e em Fukushima, no Japão, em 2011, mas também, de modo menos insidioso, com o desaparecimento progressivo de espécies naturais (as populações de vertebrados, peixes, pássaros, mamíferos, anfíbios e répteis diminuíram 58% entre 1970 e 2012) em consequência do aquecimento global, com a transformação das paisagens, com a fome, a seca e outras catástrofes naturais.

Os danos ao meio ambiente são uma consequência direta e indireta do comportamento humano, e isso vai piorar. O risco ambiental leva e levará a cada vez mais desequilíbrios e guerras; as populações vão procurar conquistar outros espaços, e essas migrações nos atingirão diretamente.

O risco geopolítico, por sua vez, é maior. Depois da queda do Muro de Berlim, muitos afirmavam que havíamos chegado ao fim da história. O mundo ocidental não seria mais atingido por graves conflitos e viveria a salvo de grandes desgraças. Mas não foi bem assim. Nossas democracias convivem com o medo do terrorismo. Depois da Al-Qaeda e do Boko Haram, o Estado Islâmico é, de fato, um monstro que, do Iraque, passando pela Síria e hoje pela Líbia, quer nos destruir. Mesmo que na Síria e no Iraque ele esteja recuando e talvez volte ao estado de clandestinidade nos próximos meses, ele arma, no coração de nossas sociedades, terroristas que matam sem distinção em nome de uma ideologia totalitária e mortífera. Terroristas que fizeram da França um dos principais alvos. O terrorismo nos faz lembrar de que o mundo é um todo e de que não estamos seguros em meio aos grandes movimentos que o fragmentam. Não podemos continuar passivos longe desse teatro de operações, porque ele traz consequências diretas para nossas sociedades. Mas não acredito que devamos intervir em todos os lugares e em qualquer circunstância.

O terror que atingiu a França provoca efeitos profundos em nossa unidade e solidez, pois nessa batalha militar, política e ideológica se instalou uma dimensão religiosa que leva a confundir tudo. Para muitos franceses, equivocadamente, lutar contra o Estado Islâmico é lutar contra o islamismo.

Se não nos precavermos, seremos confrontados não somente com o risco do terrorismo, mas também com o risco de uma guerra religiosa ou, no mínimo, com o risco de enfrentamentos ditados pelo imaginário e pela paixão. Nada é mais urgente que a conscientização.

Atualmente, o Estado se vê intimado a eliminar qualquer risco, e essa é uma promessa que ele não pode manter.

Alguns políticos, tanto os de direita quanto os de esquerda, optam pela fanfarronice e propõem renunciar ao estado de direito para melhor proteger os cidadãos. Eles não os protegerão mais, pois não poderão impedir todas as ações, nem controlar cada indivíduo. Mas terão, levianamente, permitido a vitória dos terroristas, que querem nos fazer abandonar, por medo, o que somos. Outros acreditam que substituir a Constituição por representações simbólicas permitiria canalizar a violência que se espalha pela sociedade. É o debate sobre a decadência da nacionalidade, ineficaz e deletério.

Na realidade, diante desses riscos, o que se impõe é uma firmeza intransigente e uma autoridade verdadeira, com a consciência de que elas nunca resolverão tudo de imediato. A construção de uma sociedade pacificada leva tempo.

A grande transformação que estamos vivendo é um desafio da civilização, que abala a França em suas representações e estruturas do pós-guerra.

Vivemos um estágio final do capitalismo mundial, que, por seus excessos, manifesta sua incapacidade de permanecer de pé. Os excessos da financeirização da economia, as desigualdades, a destruição ambiental, o aumento inexorável da população mundial, as migrações geopolíticas e ambientais crescentes, a transformação digital são os elementos de uma grande mudança que nos obriga a reagir. Sem dúvida, não vivemos um período como esse desde a invenção da imprensa e da descoberta do continente americano. Foram exatamente essas transições que levaram à Renascença no Ocidente, com a reinvenção das organizações sociais, políticas, criativas e artísticas. E naquele momento nós poderíamos ter desaparecido.

Essa grande transformação atinge a todos nós. Não aceitar as mudanças do mundo, limitando-se a remendar um modelo criado para anteontem, isso não é a França. Esquecer o que nos constitui, negar nossos princípios, nos apavorar como borboletas à luz negra do terrorismo, isso não é a França. Duvidar a cada dia um pouco mais de nós mesmos, ter nos lábios apenas palavras de retratação, isso não é a França. Os franceses sabem muito bem disso e estão prontos para reinventar o nosso país.

CAPÍTULO V
A FRANÇA QUE QUEREMOS

O trabalho a ser realizado é de grande amplitude. Ele não poderá ser iniciado sem uma consciência aguda das mudanças operadas a nossa volta e sem que haja uma ruptura deliberada com uma espécie de cansaço acumulado há muito tempo.

Entre inimigos que podemos nomear, existe um que é bem mais perigoso. É a inércia. Somos menos vítimas de nossos inimigos do que da nossa própria estagnação. Nós nos acomodamos com nossos seis milhões de desempregados, de todas as categorias, com nossa indústria abandonada, com nossos costumes institucionais obsoletos, com nossos setores medíocres que não regulamentam nada, com mil situações de renda injustificadas. Nós nos habituamos a uma educação nacional ultrapassada, a uma estrutura territorial quase sempre mal ajustada e antiquada, a um sistema de leis e de regulamentos do século XIX que não garante tanto o respeito aos grandes princípios quanto o conforto intelectual daqueles que habilmente sabem se servir deles. Nós aceitamos a ineficácia relativa da ação pública.

A situação não é desesperadora apenas para os cidadãos, mas também para aqueles que têm vocação para o serviço público, vocação essa das mais respeitáveis. Eles se comprometem não por amor ao status, e sim desejando contribuir, cada um à sua maneira, para a realização do projeto nacional. Acontece que essa vocação, essa energia e essa dedicação se deparam todos os dias com uma preguiça da inteligência e da vontade que precisará ser extinta em algum momento.

Não podemos deixar o campo livre para os extremos cujas promessas insustentáveis, incoerentes, tentam nos atirar na direção de uma ordem antiga e ideal que nunca existiu realmente. Eles pretendem desviar a França do curso do mundo, sem considerar tudo o que teríamos a perder e, sobretudo, esquecendo-se de dizer que essa não é a vocação de nosso país.

E aqui estamos nós, parados, imóveis e ao mesmo tempo sofrendo com essa imobilidade, que não nos satisfaz. Quando atingimos algum objetivo, vozes se erguem para denunciar a liquidação do modelo francês, um modelo que, no fim das contas, não funciona mais. Tentamos "reformas" — como essa palavra me parece batida! — sem ousar explicar o sentido e a trajetória destas, mas todos estão infelizes diante do conservadorismo relativo e das reformas graduais e não assumidas. Esse é o paradoxo francês.

O sistema se organizou para proteger a ordem. Mesmo aqueles que o denunciam se dão por satisfeitos com a denúncia, sem

REVOLUÇÃO

realmente desejar alterá-lo. O que está disponível, ainda que não seja suficiente para ninguém, é considerado melhor do que o que pode vir pela frente. É a França das situações adquiridas e das rendas garantidas, estatutárias, financeiras, intelectuais. Porém, ao mesmo tempo que todos desejam a manutenção desse sistema injusto, todos o detestam e se queixam dele. Para acabar com os aborrecimentos, só resta gastar mais dinheiro de impostos malconcebidos e de dívidas já consideráveis.

Faz décadas que a classe política não sabe inventar nada de diferente para responder às obstruções, às desigualdades, às injustiças além do aumento da despesa pública. Há mais de trinta anos, direita e esquerda substituíram o crescimento ausente pelo aumento da dívida pública. Todos os governos concederam auxílios sem financiá-los, apostando nas gerações que viriam, sem nada regularizar quanto ao profundo desequilíbrio. No quinquênio anterior, a despesa pública aumentou 170 bilhões de euros. Esses números são assombrosos. Ao concordar com eles, cometemos o erro mais grave de todos: rompemos a continuidade histórica, deixando para nossos filhos o ônus de uma dívida insustentável só porque não tivemos coragem para enfrentar a realidade. Dessa covardia somos todos culpados. Um país não pode durar muito na inércia e na mentira.

Em assuntos como esse, a história sempre ensina. Penso sempre no que a República de Veneza deve ter vivido em 1453, quando Constantinopla caiu nas mãos dos turcos. Desde 1204 e da Quarta Cruzada, Veneza havia se imposto como potência marítima e comercial, inteiramente engajada na rota da seda: cidade triunfante, marítima, começando a inventar a indústria. Negligenciara completamente o interior do país, deixando de lado as poucas rotas que lhe permitiam ir vender suas mercadorias nas grandes feiras de Champagne e de Flandres. A queda de Constantinopla aboliu esse modelo, pois a rota clássica da seda passou a ser menos segura e mais cara. Ao mesmo tempo, a imprensa era inventada e o mundo antigo parecia cambalear. Com o futuro comprometido e a dúvida instalada, Veneza decidiu mudar tudo e se voltar para a *Terraferma*, a terra firme, o interior, tão descuidado até então. Ela desenvolveu um eixo inédito com Gênova, Barcelona e Sevilha. Em 1492, um genovês a serviço da Espanha descobriu o continente americano. Em 1498, o português Vasco da Gama, ao chegar a Calicute, mostrou que se podia alcançar as Índias pelo mar. A rota terrestre da seda estava morta, o alto-mar saiu vencedor e Veneza teve a inteligência e a vontade de se adaptar. O Leste foi substituído pelo Oeste, o mar substituiu a terra, os lugares de passagem passaram a ser lugares de enraizamento, o comércio mudou de rota, a agricultura se desenvolveu. Os canais de irrigação se multiplicaram, e novos talentos inventaram a nova Veneza. Palladio, Veronese e Giorgione foram os gênios dessa nova era. Veneza continuou a ser poderosa e sua alma não desapareceu.

Ao realizar tais mudanças, Veneza nada abandonou do que moldava seu espírito e sua força. Podemos até pensar que, neles, ela buscou a energia necessária para sua conversão. O mesmo vai acontecer conosco.

Somos capazes de superar juntos o desafio que a época nos lança, resgatando o fio de uma história milenar que nos viu separar a Igreja do Estado, criar as Luzes, descobrir os continentes, reivindicar o caráter universal, criar uma cultura inédita e construir uma economia forte. Para isso é preciso energia. E essa energia existe. É profunda e vem de longe. É dever da política permitir que ela finalmente se expresse.

É por isso que não acredito em propostas de campanha. O momento que vivemos é o de uma reforma profunda.

Atualmente, as vítimas de nossa incapacidade de escolher e repensar tudo em profundidade são os mais jovens, os que não receberam uma boa formação, os franceses de origem estrangeira, as gerações futuras, os que continuam à margem do mercado de trabalho e são temporários, ou têm contratos curtos com renovação, os que não conseguem moradia estável e esperam vaga em um abrigo social ou são pegos em armadilhas de moradias insalubres, ou até piores, as famílias monoparentais ou não que, mesmo trabalhando, são sufocadas pelas despesas do mês e não podem mais viver, os discriminados... Sem uma nova fundação do nosso sistema, esse exército de vítimas vai se tornar cada vez maior e, com ele, o medo da classe média de ver seus filhos passarem por um rebaixamento de classe.

Todos os dias, nosso país se enfraquece por não estar adaptado ao ritmo do mundo. Ele se divide diante das injustiças contundentes, intoleráveis, que o cercam.

É por esse motivo que o primeiro dever dos franceses é reconstruir uma França justa e forte. Nossa responsabilidade é mostrar aos franceses que existe um caminho comum. Uma via para todos.

De que maneira conseguiremos fazer isso?

Como a França de 1945 e do Conselho Nacional da Resistência, precisamos mudar profundamente de lógica e reformular nossa maneira de pensar, de agir e de progredir.

Temos que passar de uma França que se submete para uma França que escolhe. O que queremos é controlar nosso destino, um destino individual e coletivo. A injustiça profunda que denunciamos é o fato de que alguns têm escolha e outros não. De que alguns franceses têm a possibilidade de escolher a escola de seus filhos, o lugar para morar, o trabalho, o destino das férias, enquanto outros franceses sofrem sem poder fazer essas escolhas.

O que mantém a França unida é sua paixão real e sincera pela igualdade. Para mim, a indignação se justifica diante do escândalo permanente da desigualdade, do cinismo e da iniquidade social. É o sonho de ter uma nação de cidadãos, não semelhantes, mas iguais em direitos e, mais profundamente, em possibilidades. Nosso sistema atual não permite mais tender para a igualdade. De tanto gastar mais e produzir cada vez mais regras, paralisamos e puxamos para baixo toda a sociedade, que se tornou imóvel.

Faz trinta anos que tanto a esquerda quanto a direita defendem um sistema que promove a uniformidade, a indiferenciação, a massificação. Não acredito no "igualitarismo" que faz do sucesso do outro uma ofensa insuportável. Ao mesmo tempo, a esquerda e a direita criaram direitos sem conteúdo, direitos a crédito, fazendo crer que esse era o sentido do novo progresso. O que pensar do Direito de Moradia Oponível ao Estado[1] num país que tem milhões de pessoas mal alojadas? A verdadeira igualdade não está inscrita na lei. A verdadeira igualdade é a

---

[1] O Direito à Moradia Oponível ao Estado gera a possibilidade, para todas as pessoas sem domicílio e que residem regularmente no território francês, de entrar com um recurso contra os poderes públicos no caso de as providências adotadas para obter um alojamento social enfrentem uma estagnação anormal. [*N. da T.*]

que põe, de fato, todos na mesma linha de partida. A que dá aos indivíduos, a todos eles, as armas para ter sucesso na escola, no trabalho, para cuidar da saúde, ter mobilidade e segurança. É isso o que a política deve aos franceses. Não é prometer um modelo único, mas dar a todos as mesmas chances e as mesmas oportunidades, em todos os momentos da vida.

É por isso que devemos passar de uma economia de recuperação para uma economia de inovação. Já faz tempo que não vivemos mais numa economia de grandes projetos como nos Trinta Gloriosos.[2] O rumo não é mais a imitação de produtos imaginados no exterior, é a inovação aqui, no nosso país. A força e o poder do modelo que emerge estão na aliança que as empresas são capazes de selar com milhões de usuários. Disso resulta uma economia muito descentralizada, mais horizontal, na qual o consumidor é criador de valor. Só que a inovação não é um progresso em si. Inovar por inovar é como andar sem destino! O que conta é o uso que fazemos da inovação. É o sentido que damos a ela. Diante dela não se deve ficar orgulhoso: é preciso abordá-la de maneira lúcida para fazer a tecnologia servir ao progresso econômico, social e ecológico, e garantir a todos a liberdade de ação.

A proteção corporativista deve dar lugar à segurança individual. Os membros do Conselho Nacional da Resistência que forjaram o consenso de 1945 pensaram na doença, nos acidentes do trabalho e na aposentadoria. Para enfrentar esses problemas, criaram a proteção social em torno de um princípio: a

---

[2] Em francês, *Trente Glorieuses* designa os trinta anos (de 1945 a 1975) que se seguiram ao final da Segunda Guerra Mundial, um período de forte crescimento econômico dos países desenvolvidos. [*N. da E.*]

sociedade deve proteger perante a doença, a velhice e os acidentes do trabalho apenas aqueles que têm emprego. Essa proteção difere conforme o status, o setor e, às vezes, de acordo com a profissão. No entanto, eles não suspeitavam da emergência de uma sociedade de mudança rápida e brutal, da desindustrialização e, portanto, da precariedade. Não imaginavam que o desemprego um dia pudesse atingir 10% da população ativa. Não podiam conceber a fragmentação do mundo do trabalho, a rápida progressão do trabalho temporário e de um sistema pós--salarial. A realidade é que a proteção social não protege mais uma parte crescente de nossos cidadãos.

Para responder, de fato, a essa injustiça e acompanhar todos os cidadãos num mundo mais arriscado, as novas proteções sociais não devem mais depender da situação dos franceses. Elas precisam se organizar de maneira mais transparente, generalizada, com direitos para todos, mas também com deveres.

Devemos passar de um modelo centralizado para um modelo que permita que todos se engajem. Quem pode acreditar seriamente que o modelo é ótimo se tudo é dirigido de Paris? Se problemas diferentes são resolvidos da mesma maneira? Se o cidadão é tratado como parte da administração, sem ser considerado um completo agente? A sociedade francesa transborda de vitalidade, mas essa vitalidade não segue apenas pelos canais tradicionais — Paris, as grandes administrações, as grandes escolas, as grandes empresas. Essa vitalidade vem principalmente dos bairros populares, da França rural, dos jovens, das coletividades locais e das pequenas empresas. A energia do nosso país é a nossa oportunidade! O Estado não pode mais, como antigamente, enfrentar os desafios do século com decisões unilaterais.

Para resolver assuntos tão cruciais quanto a transição ambiental, precisamos do engajamento de todos. São as empresas, os assalariados, os consumidores, os funcionários públicos que vão produzir a transformação do nosso modelo produtivo. Sem demora, é preciso dar a todos, ao maior número possível de pessoas, o poder de fazer e ter sucesso. De ser responsável. De se engajar.

Portanto, podemos escolher entre duas abordagens. A que propõe alguns remédios considerados radicais e que só farão retardar a morte ou, ainda, agravar o problema. E aquela que, partindo de algumas prioridades, consiste em organizar uma profunda reestruturação de nosso modelo, em reconstruir o equilíbrio do passado.

Já passou o tempo dos pequenos compromissos cômodos a respeito de assuntos que condicionam a nossa vida. Precisamos, simplesmente, mudar nossa forma de pensar.

Reconciliar as diversas Franças é responder ao desejo dos franceses de uma prosperidade justa; de liberdade para cada um criar, se movimentar, empreender; igualdade de possibilidades para conseguir isso; de fraternidade na sociedade, em especial para os mais fracos.

O que vai manter a França unida depende da aceitação e da recusa: aceitação da diversidade de origens e destinos; recusa da fatalidade. Daí vem nossa vontade de dar autonomia a todos, de permitir que todos tenham um lugar. Esse é o sonho de ter uma nação, não de semelhantes, mas de iguais em direitos.

Esse trabalho levará dez anos. É preciso começá-lo agora.

CAPÍTULO VI

INVESTIR NO FUTURO

Se os franceses quiserem ter sucesso, ser justos com os mais frágeis e manter a posição de país internacional, temos apenas um caminho: produzir em nosso país e, assim, construir as condições de uma nova prosperidade. A desindustrialização francesa é, na verdade, uma das causas da nossa desgraça. O desafio não é refazer a França industrial do pós-guerra: isso não teria nenhum sentido. A ambição que deve nos motivar é reatar com o sonho produtivo que está no centro da nossa história e da nossa identidade.

Esse sonho industrial foi do Estado no tempo de Colbert e na vanguarda da Revolução Industrial, com Napoleão III, modernizador na Quarta República e nos primeiros anos da Quinta República. Um sonho que nunca deixou de motivar os empresários e os assalariados. Ele também está na essência da identidade francesa. A França nunca se pensou de maneira diferente de um país que cria, inventa, inova, que assume sua parte na construção do progresso humano.

Examinando essa ambição mais do que bicentenária, a realidade atual é particularmente cruel. Desde 2000, extinguimos quase novecentos mil empregos industriais, e a indústria passou de 17% para 12% do nosso produto interno bruto. É por isso que não existe nada mais urgente do que reatar o fio dessa antiga ambição, por enquanto permanentemente comprometida.

Resgatar o sonho produtivo do nosso país é, também, um imperativo social. De nada adianta afirmar que na França não queremos abandonar os mais frágeis se, ao mesmo tempo, deixamos à deriva, sem hesitar, a indústria francesa. A verdadeira prosperidade se constrói produzindo inicialmente e dividindo em seguida, pois sem produção não existe "modelo social".

O pré-requisito é escolher uma boa política econômica. Acontece que há trinta anos, e até recentemente, optamos por substituir o crescimento econômico pela despesa pública. Fomos muito generosos com as ajudas sociais, mas nunca atacamos as raízes do desemprego em massa. Apoiamos a ajuda à moradia sem nos preocuparmos o bastante em construir. Em suma, construímos um modelo de despesas paliativas no lugar de despesas produtivas. Mas esse modelo está sem fôlego. Nossa taxa de endividamento nos proíbe de acumular mais déficits para financiar as despesas correntes. Nossa taxa de imposto obrigatório nos proíbe de aumentar os impostos dos contribuintes. Isso significa que é preciso cortar indistintamente nossas despesas e organizar um encolhimento sistemático do poder público? Seria igualmente absurdo. Mais do que nunca, precisamos investir na educação, na saúde e na transição de energia — e esse é só o começo. São setores em que a ação pública pode fazer o melhor, e ninguém pode fazer sem ela.

Nunca me senti à vontade com o debate entre os oponentes partidários do "reaquecimento" e os do "rigor". Considero que a questão esteja malcolocada. Os que defendem o primeiro acreditam que basta aumentar os déficits para apoiar a economia, sem levar em conta as finanças públicas. Os que defendem o segundo consideram que basta cortar as despesas e reduzir os déficits, custe o que custar, para encontrar novamente o caminho do crescimento. Os dois estão errados. Não seria pertinente visar o equilíbrio de nossas contas públicas num contexto de transição como o atual, assim como não seria saudável deixar de se preocupar com o nível de nossas despesas públicas e sua eficácia, assim como com o nível dos impostos, das taxas e de outras contribuições.

Sou favorável a uma redução das despesas públicas. Mais do que o déficit, a administração das contas públicas deveria passar pela fixação de um objetivo nessas despesas. É possível fazer isso sem fragilizar o crescimento ou pôr em dúvida as necessárias proteções sociais. Na França gastamos o equivalente a 56% de nossa riqueza nacional, sendo que a média da Zona do Euro, com quem compartilhamos em grande escala essas proteções, está num nível de 49%. Podemos fazer isso num ritmo mais razoável, buscando maior eficiência de nossas despesas públicas.

Esse processo deve privilegiar uma economia genuína, responsabilizando todos os atores que conhecem o terreno, em vez de fazer ajustes sucessivos. Levando em conta nossas prioridades e os imperativos justos, o Estado e suas agências, as coletividades locais e os setores de segurança social têm vocação para dar sua contribuição. Existe lógica em não introduzir mudanças nos 18 bilhões de euros de auxílio personalizado à moradia, considerando que ele favorece menos os beneficiários do que os proprietários e alimentam a inflação com os preços dos imóveis? É oportuno deixar as despesas do funcionamento do Estado continuarem a aumentar, até mesmo além das transferências de competência, sendo que as despesas de investimento encolhem? É pertinente manter um teto de indenização ao desemprego em mais de seis mil euros quando nosso regime registra um déficit na ordem de quatro bilhões? Isso nos permitiria diminuir os impostos obrigatórios.

É importante tomar decisões estratégicas a curto prazo, que vão nos colocar nesse caminho. Contra os partidários dogmáticos do "reaquecimento", devemos lançar reformas estruturais primordiais, passar em revista as políticas públicas de forma sistemática e perseguir resolutamente a queda das despesas mais ineficazes. Contra os partidários dogmáticos do "rigor", devemos assumir que nossa economia tem necessidades vitais em certo número de setores e que ela ainda se debate para se recuperar da crise econômica e financeira. Seria absurdo sacrificar nosso crescimento futuro para ganhar um décimo de ponto no PIB, que seria deficitário no próximo ano, e não aproveitar o contexto histórico de taxas baixas para financiar investimentos rentáveis para nossa economia. Creio que, a curto prazo, é preciso conduzir uma política que respeite um crescimento econômico apoiado em dois pilares de igual ambição: investimento público nos campos-chave e queda durável das despesas comuns.

INVESTIR NO FUTURO

* * *

Considero três setores prioritários para o investimento público.

O primeiro é o "capital humano", como dizem os economistas, isto é, a educação e a formação. Mais uma vez digo que o investimento na escola, no ensino superior, na pesquisa e, também, na formação contínua é absolutamente decisivo. Esse é o único meio de dar à França, ao longo das próximas décadas, os meios para conquistar o que ela ambiciona. Nesse campo, há um atraso que nos custa caro, que nos torna menos produtivos, menos inovadores e menos competitivos. Ele alimenta o desemprego e aprofunda as desigualdades. Ele é, até mesmo, pernicioso de um ponto de vista estritamente contábil, pois o dinheiro que não injetamos nas escolas ou na formação nos obriga a gastar ainda mais para reparar os estragos. Investir em "capital humano" também é financiar a inovação na França. Em matéria de saúde, por exemplo, temos uma capacidade fantástica de inovação, sobretudo nos hospitais e laboratórios públicos e nas empresas.

Atualmente, nós os acompanhamos com um crédito fiscal de pesquisa que o mundo inteiro inveja, pois ele permite às empresas diminuir dos impostos uma parte dos investimentos em pesquisa e desenvolvimento. No entanto, nosso sistema ainda reluta em deixar a inovação se desenvolver: os procedimentos são muito longos e as normas, complexas demais. Por isso, diante da complexidade do nosso sistema, os pesquisadores que criaram o coração artificial — que é um lançamento mundial francês — precisaram ir para o exterior a fim de desenvolver os projetos. Mais uma vez, devemos não apenas investir, mas também simplificar drasticamente, a fim de acompanhar e incentivar em vez de reprimir e impedir.

O segundo campo prioritário para o investimento público é a transição ecológica. Enquanto alguns continuarem a priorizar seus interesses de curto prazo antes de qualquer coisa, caminharemos para a ruína. Isso é flagrante no campo da energia, em que as empresas e os cidadãos conscientes não são espontaneamente recompensados pelo livre funcionamento do mercado. A renovação térmica das moradias e a eletrificação do consumo exigem investimento público. O mesmo vale para o campo da agroecologia: um agricultor isolado não tem necessariamente os meios para começar sozinho uma transição para um novo modelo, que necessitaria da introdução de todo o setor. Isso é, também, matéria da infraestrutura e do transporte, que devem permitir que nossos territórios sejam mais bem servidos. Aí também será preciso uma coordenação e uma mobilização geral, impulsionada pelos poderes públicos, dando visibilidade por vários anos aos atores privados. Nesses campos, o Estado precisa intervir, enviar mensagens positivas aos bons atores, investir e privilegiar a inovação, reforçar o sistema tributário ambiental e apoiar todas as empresas, pequenas e grandes, que nos levem para uma economia de baixa emissão de carbono.

O terceiro campo prioritário é a implantação da fibra ótica em toda a França. Depois da ferrovia, da eletricidade, da televisão, da telefonia, trata-se de uma obra nacional como poucas na nossa história. Ela é vital para as regiões mais remotas. A fibra ótica é cada vez mais indispensável para modernizar rapidamente a nossa economia e fazê-la ultrapassar, em alguns anos, um limite tecnológico crucial. Como ministro, orientei ativamente a política de implantação da fibra ótica pelas operadoras de telecomunicação, mas constatei que nas zonas rurais mais distantes o Estado precisa se engajar além dos cofinanciamentos, em caso de falha das operadoras, e promover soluções inovadoras, inclusive via satélite.

O que quero decidir é um investimento público planificado em cinco anos. Essa é a única maneira de responder às necessidades históricas de nossos territórios e de nossos atores econômicos e lhes dar a visibilidade necessária. Nesse assunto, desejo uma iniciativa europeia rápida, mas não vou, aqui, esperar decisões incertas e, talvez, muito lentas.

É claro que as regras orçamentárias devem nos incitar a diminuir os déficits permanentes com a redução das despesas públicas que revelam as disfunções de nossas administrações. No entanto, elas não devem nos impedir de aproveitar essas oportunidades. Por essa razão, insisto para que, nos debates nacionais e europeus, sejam separadas, de um lado, as indiscutíveis necessidades de economia e eficiência em nossas despesas de funcionamento e, do outro, as necessidades de investimento e modernização da economia.

Nesse ponto, a Europa desempenha um papel determinante. Se quisermos construir o futuro do nosso país, devemos fazer reformas profundas na França e na Europa.

Paralelamente, as empresas devem recorrer a investimentos privados. É por essa via que a inovação e o desenvolvimento de novas atividades permitirão ir na direção de um modelo de crescimento sólido. Há vinte anos a França perdeu a batalha da robotização: o país freou o investimento na robótica, imaginando proteger os empregos. Não foi isso que aconteceu; muito pelo contrário. Em suas fábricas, os alemães têm cinco vezes mais robôs do que nós, e souberam preservar muito mais empregos em indústrias. Atualmente, têm uma taxa de desemprego que equivale a menos da metade da nossa. Hoje em dia, a França não pode perder a vez para a inovação e a informatização da economia.

É preciso que as empresas, pequenas ou grandes, artesanais ou industriais, possam reconstituir sua margem para investir. Para tanto, elas precisam de visibilidade e de estabilidade. Devem ser capazes de se projetar no tempo, prever os investimentos, traçar suas estratégias, buscar novos mercados. As empresas francesas de hoje passam muito tempo tentando compreender as incessantes mudanças de leis. Logo, se nossa economia se transformar rapidamente, se o contexto se tornar cada vez mais incerto, a responsabilidade do poder público é não ser uma fonte de incerteza e de paralisia.

Às vezes, até mesmo as boas medidas são ineficazes, pois a instabilidade as torna incertas. Como explicar que nós modificamos cinquenta vezes as leis trabalhistas desde 2000? Como justificar que, ao longo de um mesmo quinquênio, mudaram várias vezes as regras de um setor ou as modalidades de um imposto?

Vamos estabelecer princípios simples: uma vez começada uma reforma, não vamos mais modificar as medidas tomadas e vamos deixar que sejam aplicadas antes de avaliá-las; vamos nos comprometer a não modificar várias vezes um mesmo imposto ao longo de cinco anos. Setores inteiros de nossa economia foram abalados por mudanças em regras que pesaram na atividade econômica, mesmo quando havia boas razões por trás dessas decisões. Em muitos setores da economia, como moradia, agricultura ou hotelaria e serviços de restaurantes, nós mudamos demais as regras. Não quero que se acrescentem novas regras antes de rever as que existem e que não têm utilidade. Antes de solicitar aos atores e a todos os franceses que identifiquem as regras que caducaram. Antes de exigir discernimento e coerência dos funcionários públicos dos setores.

Em uma fazenda produtora de laticínios que visitei, a alguns quilômetros de Aurillac, o jovem criador que a dirigia me contou que haviam exigido que ele instalasse um lavador de pés na entrada do estábulo, dois anos antes. O mesmo controle do Estado, depois de alguns meses, voltou atrás e disse que o lavador de pés deveria ser desmontado, pois causava problemas de higiene. A regra havia sido baixada sem explicação. Depois, havia mudado sem maiores detalhes. A brincadeira custou para ele três meses de lucro. Como imaginar que o Estado, em um contexto como esse, possa manter a credibilidade e que as empresas invistam em transformações úteis quando são prejudicadas de maneira inexplicável e autoritária?

Para investir na inovação, as empresas precisam reconstituir suas margens e, portanto, reduzir o custo do trabalho, da energia e do capital. Nesse sentido, os últimos cinco anos marcaram uma virada, em especial no custo do trabalho. O crédito de imposto e competitividade do emprego (CICE) e o pacto de responsabilidade e solidariedade deram fôlego às empresas e estancaram a hemorragia do desemprego.

Em relação a esse assunto, quero que as coisas fiquem claras. Desejo reduzir os impostos das empresas, pois prejudicam a competitividade, e apoiar o investimento produtivo. Para tanto, entre outras coisas, vou transformar o crédito de imposto e a competitividade no emprego em redução de encargos. E vou criar outras reduções ou supressão de cotas sociais patronais. Redução nos gastos públicos e um sistema de impostos que forneça mais incentivos, principalmente sobre a poluição e o consumo, serão criados para financiar isso. Nessas condições, as empresas poderão contratar e, ao mesmo tempo, investir: eis as duas prioridades da nossa economia.

Quanto à inovação, é claro que a estabilidade das regras e a queda das cotizações não resolvem tudo. Temos uma força a ser encorajada e a ser desenvolvida: a do empreendedorismo. Fala-se muito em startups, e por trás desse termo existe muito mais do que um modismo. Ele anuncia um novo modelo de empresa e de empresários.

As startups são o fermento de uma transformação econômica e de uma mudança cultural. O paradoxo francês que existe até hoje pode ser fatal para nosso futuro: de um lado, estigmatizamos o fracasso; do outro, vaiamos o sucesso. O medo do fracasso está gravado na pele de nossas crianças: na escola, os alunos que fracassam são obrigados a se adequar ao modelo único de excelência. O resultado é que os jovens perdem a confiança em si mesmos e têm medo de ousar. Não tenho dúvida de que cabe a nós imprimir na consciência coletiva que aquele que fracassa é, antes de tudo, aquele que tentou. E aquele que falhou tem uma vantagem considerável sobre o que nunca tentou: acumulou experiência. Ao mesmo tempo, devemos valorizar o sucesso, pois ele é a outra face da mesma peça. Temos que aprender a celebrar e a consagrar aqueles que vencem em todos os campos. Então, coloquemos em evidência todas as vitórias francesas, sejam empresariais, sociais, intelectuais, esportivas ou culturais.

Para que o empreendedorismo vença e se desenvolva na França, desejo duas coisas simples. Primeiro, um sistema fiscal que recompense a tomada de riscos, o enriquecimento pelo talento, pelo trabalho e pela inovação, mais do que pela renda e pelo investimento imobiliário. Nosso sistema de impostos, e incluo aqui o atual imposto sobre a fortuna, não deve punir aqueles que têm sucesso na vida e investem em empresas e inovação.

Em seguida, é preciso um financiamento que permita a nossas empresas levantar capital rápida e maciçamente. Isso é indispensável em uma economia do conhecimento.

Como explicar que uma empresa como a Uber seja, atualmente, na França, a principal companhia de veículos com motoristas, sendo que temos concorrentes franceses que oferecem praticamente o mesmo serviço? Porque a Uber já conseguiu levantar dezenas de bilhões de dólares, ao passo que as empresas francesas só levantaram algumas dezenas de milhões de euros. O problema na França é a falta de acesso ágil e consistente aos recursos financeiros

Finalmente, não haverá investimento no futuro do nosso país se o Estado não garantir uma proteção justa e regras válidas para todos. Isso passa primeiro pela política de concorrência. Na minha opinião esse é um instrumento decisivo que frequente e artificialmente contrapusemos à política industrial.

Acontece que as regras da concorrência permitem que os menores e os novos entrem no mercado se eles lutarem, trabalharem e inovarem. Sem tal esforço, o lugar será exclusivamente reservado àqueles que estão ali há muito tempo, que se entendem entre si e fazem acordos. A concorrência protege da conivência e permite a liberdade.

Como os agricultores podem inovar, investir na transformação de seus equipamentos de produção, se não os protegermos dos distribuidores, se não garantirmos que haja uma concorrência justa, capaz de evitar que os proprietários das grandes plantações façam acordos para reduzir sua margem? A concorrência é indispensável para a inovação.

O Estado é aquele que dá uma perspectiva a longo prazo.

Continuando com o mesmo exemplo, os agricultores precisam se modernizar constantemente para sobreviver. Precisam agregar valor a sua produção, adquirir maquinário a fim de produzir por um custo menor. Como todo ator econômico, eles precisam de estabilidade para se comprometer por vários anos. Se não regularmos os mercados para ajudá-los a superar as flutuações de preços, fica complicado investir. O Estado deve garantir a estabilidade a longo prazo, por contratos setoriais, para proteger a indispensável inovação.

A concorrência desleal dos países estrangeiros é, evidentemente, um freio para a inovação e a contratação. Por isso, junto com a União Europeia, é indispensável fazer respeitar as regras do jogo e combater firmemente qualquer concorrência desleal. É nesse aspecto que a soberania europeia econômica é decisiva. Quando os gigantes asiáticos ou americanos violam as regras do jogo, quando um setor estratégico deve ser protegido, o poder público precisa se manifestar e assumir a responsabilidade.

Enquanto era ministro, sempre mobilizei forças para que a União Europeia tivesse voz diante dos protagonistas chineses da indústria do aço e protegesse as siderúrgicas implantadas na França. Defendi os artesãos e os comerciantes contra a concorrência dos gigantes da internet e, mais ainda, pleiteei que a nova economia fosse concebida para eles como uma oportunidade de crescimento. Isso supõe eliminar os obstáculos que causam entraves ao desenvolvimento dessas empresas, começando pela multiplicação de normas e impostos que não incidem sobre os famosos Google, Apple, Facebook e Amazon (GAFA).

Alguns setores não podem ser abandonados ao jogo do mercado. A proteção da nossa soberania deve ser abordada sem ingenuidade, e para tanto todos os instrumentos de intervenção pública disponíveis precisam ser mobilizados: apoio direto, participação financeira pública, autorização dos investimentos estrangeiros... Quando se trata de setores ligados à Defesa, o desafio estratégico é para nossa soberania militar. O Estado apoia diretamente o desenvolvimento de programas militares, em especial como cliente. Nesse setor, ele deve continuar no capital de várias empresas-chave e acompanhar de perto a evolução do capital das empresas privadas. Quando se trata de matéria-prima ou de energia, o Estado também deve estar na linha de frente, pois, ao mesmo tempo, estão em jogo a independência energética do nosso país, a solidez das nossas grandes escolhas ecológicas, o custo de todas as nossas empresas e o poder de compra de todos os nossos cidadãos. É isso que dá ao Estado, mais recentemente, legitimidade para reestruturar o setor nuclear que, sozinho, permite a produção de eletricidade sem emissões de carbono e a preços particularmente competitivos.

E é por isso que, no futuro, será importante acompanhar a diversificação do nosso mix energético, para não dependermos de uma única tecnologia.

Nunca me reconheci nas soluções prontas dos doutrinadores, colbertistas de um lado e liberais do outro. Para os primeiros, o Estado deve orientar, decidir tudo, dirigir e executar: são os nostálgicos do plano Calcul.[1] Para os outros, não existe nenhum fracasso de mercado, e a melhor política industrial é não ter nenhuma. Da minha parte, não acredito em nenhuma dessas soluções: nem na eficácia contestável da primeira, nem na pureza perigosa da segunda.

Garantir proteção justa e respeito às regras é, portanto, papel do Estado, a fim de que nossas empresas possam investir no futuro. O desafio é grande. Faz dez anos que a França luta contra as sequelas da crise aberta em 2008. Ficamos obcecados, muitas vezes com razão, pelo curto prazo, pelos déficits comerciais ou orçamentários, pelas taxas de margem ou de lucro. Sob muitos aspectos, esses indicadores melhoram: reduzimos nosso déficit orçamentário e melhoramos consideravelmente nossa competitividade. Porém, na realidade, faz trinta anos que navegamos às cegas na globalização, e que não sabemos encontrar o lugar que deveria ser nosso — o de uma economia de excelência, de empreendedorismo e de inovação, na vanguarda das grandes transformações digitais, culturais e ecológicas.

---

[1] Plano do governo francês, lançado por Charles de Gaulle com o estímulo de Michel Debré e de um grupo de altos funcionários e industriais, destinado a garantir a autonomia do país na tecnologia da informação e a assegurar uma informática europeia. [*N. da T.*]

CAPÍTULO VII

PRODUZIR NA FRANÇA E SALVAR O PLANETA

Se quisermos vencer no plano econômico, no século XXI, também devemos reagir ao desafio ecológico. Como permitir que mais de dez bilhões de seres humanos vivam no planeta sem degradá-lo e sem sacrificar nossa qualidade de vida? Esse assunto não é apenas mais um, nem uma caixa de seleção que devemos encaixar num programa. Ele se tornou fundamental, e no centro do nosso cotidiano porque tem a ver com a nossa alimentação, nossa saúde, nossa moradia e nossos meios de transporte. Essa questão abala nosso modelo de desenvolvimento e, mais fundamentalmente, a perenidade de nossa civilização.

A luta pelo meio ambiente é, antes de tudo, política. Assim como alguns que, no século anterior, quiseram ignorar o fosso que aumentava entre as classes sociais, hoje em dia ainda existem os céticos quanto ao clima, que, por convicção ou por cálculo, negam até mesmo a existência do aquecimento global. Nos

Estados Unidos e na Europa, alguns chefes de Estado ou candidatos a esse cargo defendem abertamente essa tese; ao ouvi-los, poderíamos continuar a viver, consumir e produzir como o fazemos atualmente. No entanto, os melhores especialistas, como Jean Jouzel,[1] são claros e nunca foram desmentidos.

É preciso continuar a sensibilizar, explicar, mostrar que não temos mais alternativas e que devemos urgentemente acelerar a transição que já começou.

No âmbito internacional, é necessário, em primeiro lugar, definir os objetivos a serem atingidos para inverter a alta contínua das emissões de gás de efeito estufa. Um primeiro passo foi dado por ocasião da COP21,[2] realizada em Paris em 2015, que permitiu estabelecer um acordo para limitar a dois graus o aquecimento climático por volta de 2100.

O fato de termos chegado a esse consenso prova que somos cada vez mais numerosos aqueles que pensam que o planeta está realmente em perigo e que devemos agir. Desde o início da era industrial, a temperatura terrestre média aumentou efetivamente um grau, com as consequências que já podemos constatar: cada ano é mais quente do que o anterior; gastamos mais dinheiro para extrair as últimas gotas de energia do passado do que para melhorar a do futuro; um sétimo continente, feito de

---

[1] Importante climatologista, pertencente ao Grupo Internacional de Especialistas em Evolução do Clima (GIEC). Recebeu o Prêmio Nobel da Paz em 2007 com o GIEC. [*N. da T.*]

[2] A COP21 (Conferência das Nações Unidas sobre as Mudanças Climáticas de 2015) foi realizada em Paris, entre os dias 30 de novembro e 12 de dezembro de 2015. Teve a participação de chefes de estado de 197 países, sendo que o principal tema foi a mudança climática em decorrência do efeito estufa e aquecimento global. [*N. da E.*]

plástico, como que surgiu das águas; de um lado, desperdiçamos um terço dos alimentos que produzimos e, do outro, a obesidade progride; os aparelhos que usamos durante um ano ou dois levarão séculos para se degradar naturalmente. E essa tendência só se acentua. Se nada for feito para reduzir as emissões de gás de efeito estufa, a temperatura média do globo pode aumentar mais de quatro graus de hoje até 2100, o que seria traduzido por uma elevação considerável do nível do mar, pelo desaparecimento de certo número de ilhas e até mesmo de áreas inteiras de países como Bangladesh e pela multiplicação de acontecimentos meteorológicos extremos.

As consequências ambientais seriam terríveis. Não seriam menos catastróficas, pois a quantidade de refugiados climáticos poderia chegar a várias centenas de milhões, com efeitos sobre as migrações e a paz do mundo: a Síria, por exemplo, teve, entre 2006 e 2011, a pior seca já registrada em sua história. Atribuída à mudança climática, essa seca tem sido considerada um dos fatores que causaram a guerra. Não podemos esquecer nunca que o desafio climático ameaça primeiro os mais frágeis, os mais pobres, os mais jovens e as gerações que virão.

Os recordes de temperatura atingidos em 2016, que, sem dúvida, foi o ano mais quente registrado na história, nos lembram da urgência de agir. Por isso, sou um dos que saúdam o trabalho que a França realizou para chegar ao acordo de Paris, que permitiu uma mobilização extraordinária de todos os componentes da sociedade de todas as partes do mundo: Estados, empresas, sindicatos, associações, comunidades e movimentos religiosos.

REVOLUÇÃO

Não deixa de ser verdade que tudo ainda está por fazer. E isso é ainda mais verdadeiro após a eleição de Donald Trump. A Europa precisa se fazer ouvir no debate mundial para que, doravante, os compromissos assumidos na COP21, inclusive pelos Estados Unidos, sejam respeitados. Ainda mais porque esses compromissos não permitem que sigamos uma trajetória compatível com o objetivo de dois graus, que devem ser aumentados. Uma mobilização internacional equivalente é necessária para proteger a biodiversidade, os oceanos, na continuidade de adoção da nova agenda de desenvolvimento sustentável. E a França tem, aí também, um papel primordial a desempenhar. Dispomos do segundo espaço marítimo mundial. Somos o único país europeu classificado entre os dezoito mais ricos do planeta em termos de biodiversidade e um dos dez que abrigam o maior número de espécies ameaçadas de extinção no mundo. Por fim, estamos presentes em todas as instâncias centrais da governança mundial: do G7 ao G20, passando pelo Conselho de Segurança da ONU.

Devemos realizar essa ação e defendê-la. Vamos reagrupar os setores do Estado competentes nesse assunto e localizá-los em nossos territórios de além-mar, que são os melhores lugares para levarmos esses desafios. A França da biodiversidade e do clima, essa França planetária, está presente e é real em nossos territórios ultramarinos, em primeiro lugar. Portanto, é de lá que devemos estabelecer nossa organização e levar nossa mensagem. Não de Paris.

Para isso, ainda é preciso que a França dê o exemplo. É por isso que desejo colocar a nova ecologia no centro da política que será conduzida na França nos próximos anos, e no centro das políticas desenvolvidas pela União Europeia.

É dessa forma que teremos legitimidade para sermos ouvidos pelo restante do mundo. E sou otimista. A nova ecologia que devemos instituir não é absolutamente contraditória diante da nova economia que desejamos promover. Ela é, até mesmo, um de seus componentes essenciais. A nova ecologia representa uma oportunidade econômica para as empresas que poderão dar novas respostas, construir casas que consomem menos energia do que produzem, desenvolver a agricultura biológica etc. É para atender a esse propósito que são necessários investimentos públicos e acompanhamentos. É, também, uma oportunidade para nossa sociedade, porque essas soluções nos permitirão comer melhor, melhorar nossa saúde, respirar um ar menos poluído... simplesmente, viver melhor.

Longe de serem contraditórios, o imperativo econômico e o imperativo ecológico serão, no futuro, cada vez mais complementares.

O mundo todo conhece a aventura do *Solar Impulse*, o avião que deu a volta ao mundo graças à energia exclusivamente solar. Mais desconhecido é o fato de que foram os avanços científicos da química moderna que tornaram isso possível. E a França dispõe de todos os trunfos para ser líder mundial da inovação ambiental.

No futuro, o que combinamos chamar de *cleantech*[3] será um dos pilares principal da economia mundial.

O custo do funcionamento das tecnologias solares fotovoltaicas diminuiu mais de 80% desde 2009 e deverá ter uma queda de

---

[3] Ou tecnologia limpa: processos industriais que têm o objetivo de reduzir os impactos ambientais. [*N. da E.*]

cerca de 60% até 2025, tornando o solar fotovoltaico o modo de geração de eletricidade mais barato de todos. Do ponto de vista das energias renováveis como a eólica e a solar, sabemos que um dos problemas fundamentais é o de seu transporte em longas distâncias e a questão do armazenamento. E exatamente esses assuntos estão no centro dos trabalhos em curso em toda uma série de grandes grupos e de startups pelo mundo. A França conta com os melhores entre eles.

O mar é e será, cada vez mais, um dos centros de nossa transformação energética. As energias marinhas renováveis continuarão a se desenvolver e vão possibilitar a diversificação de nossa produção.

No que se refere à eficácia energética, sabemos que o esforço principal é no sentido de abaixar o consumo de energia dos prédios, isolando-os e equipando-os com aquecimento eficiente. O progresso está em andamento: as caldeiras de condensação passaram a ser a norma, o rendimento das bombas de calor e do aquecimento com madeira aumentaram consideravelmente, enquanto as construtoras trabalham para facilitar o isolamento dos telhados e das fachadas.

Estamos em vias de mudar de época. No passado baseada no petróleo, agora ela é, e será no futuro, cada vez mais fundamentada na propulsão elétrica, seja em matéria de transporte coletivo ou de deslocamento individual. Vimos bem o extraordinário desenvolvimento dos veículos elétricos, com a diversificação de modelos, o aumento crescente da autonomia das baterias e um preço reduzido à metade em menos de dez anos. A inovação também está em curso em nossos hábitos com as ferramentas digitais, que permitem compartilhar os veículos e as bicicletas e planejar melhor o nosso transporte.

A nova economia ecológica incidirá em nossa capacidade de restaurar os solos, os rios e até mesmo os oceanos, hoje em dia destruídos por verdadeiras ilhas de plástico, assim como a qualidade do ar que respiramos em casa e nos escritórios. Por causa da poluição atmosférica, a expectativa de vida de uma pessoa de trinta anos em uma cidade é reduzida, em média, em quinze meses e em nove meses na zona rural, e o custo da poluição do ar na França é avaliado por alguns estudos em mais de cem bilhões de euros por ano.

Nossas fábricas já começaram, em larga escala, sua transformação. Ao longo dos últimos vinte anos, num país como a França, foram elas que mais reduziram a emissão de gases de efeito estufa. A emissão de partículas tóxicas como o enxofre e a dioxina quase desapareceu. A fábrica do futuro nos permitirá vencer novas etapas, transformando o calor em fonte de energia para os sistemas de calor de nossas cidades, decompondo os produtos de consumo obsoletos para lhes dar uma nova vida, em resumo, desenhando essa economia circular, que não descarta nada e recicla tudo.

A França, que conta com pesquisadores do mais alto nível nas ciências químicas, físicas e biológicas, que também dispõe de uma malha empreendedora densa e mista, constituída de grandes grupos e, ao mesmo tempo, de PME[4] em forte crescimento e de uma rede de startups particularmente eficiente, tem todos os trunfos para se impor como um dos principais expoentes dessas tecnologias limpas. Já está na hora de dar a todos os parceiros

---

[4] É a categoria de pequenas e médias empresas (PME). Constituída por empresas que empregam menos de 250 pessoas e têm um volume de vendas anuais inferior a 50 milhões de euros ou um balanço total não superior a 43 milhões de euros [N. da E.]

econômicos um impulso político forte, sinal de uma grande mobilização nacional a serviço das tecnologias verdes.

É preciso cuidar para não deixar passar esse momento decisivo. Na virada dos anos 2000, perdemos a guinada das novas tecnologias da informação e da comunicação, da revolução digital, atualmente governada pelos grandes grupos americanos. Nos próximos cinco anos, devemos nos dar meios para figurar entre os campeões mundiais das *cleantech*. É um desafio para o planeta e para nossa soberania industrial. Não vamos poder produzir na França como antes, mas teremos como resultado milhões de empregos e bilhões de economias.

Não se pode esquecer que o centro financeiro de Paris está se munindo de uma estratégia e de regras de jogo suscetíveis de transformá-lo em líder internacional das finanças verdes. Nessa perspectiva, entendo que a Europa terá tudo a ganhar ao adotar um sistema de impostos ambientais que valorize os comportamentos virtuosos, tanto os de nossos cidadãos como os das empresas, o que permitiria facilitar o sistema tributário do trabalho.

A nova ecologia vai marcar ainda mais nosso mundo, porque o século XXI será, cada vez mais, o tempo das cidades. Os centros urbanos têm um papel primordial a desempenhar para identificar os diferentes desafios ecológicos. E, nesse assunto, nós temos tudo para nos destacarmos.

Primeiro, porque podemos nos apoiar num modelo histórico que, antes mesmo que a palavra fosse inventada, é o da cidade sustentável. Diferentemente da maioria das cidades americanas e asiáticas, as cidades europeias são densas, não foram construídas em torno do automóvel e da expansão urbana na periferia.

É na cidade densa que podemos implantar o transporte coletivo descarbonizado e criar redes de energia inteligentes. Atualmente, nossos países, em geral, estão na vanguarda da implantação de redes inteligentes, na construção de bairros inteiros com energia positiva,[5] no desenvolvimento de sistemas de carros e bicicletas compartilhados ou, simplesmente, numa nova organização que favoreça a mobilidade do caminhante e do pedestre.

Essa cidade é mais sóbria, mas também é mais humana. Ela privilegia o conhecimento de pessoas, cria novos laços entre os habitantes. Longe de ser uma ecologia de coação, a nova ecologia que queremos desenvolver é uma ecologia do prazer, do prazer reencontrado por viver em uma cidade tranquila. Além do mais, os cidadãos que moram nessa cidade se tornam cada dia mais atores. Vemos isso nas comunidades que se formam para regular o consumo de energia ou para construir jardins compartilhados na cidade.

A França possui muita habilidade e campeões mundiais no quesito cidade sustentável. Não é por acaso que Paris conta com a rede de metrô mais densa do mundo e que Paris e Lyon tenham sido as primeiras cidades a construir ciclovias.

Essa transformação deve beneficiar a todos, especialmente os mais pobres. Em nenhuma hipótese essa nova cidade inteligente deve se tornar o paraíso apenas para aqueles que têm dinheiro. Isso exige investimento nos transportes públicos, redução do isolamento dos bairros mais populares e investimento público e privado no planejamento urbano. A nova cidade

---

[5] A energia é positiva quando um prédio produz mais energia (eletricidade, calor) do que consome. [*N. da T.*]

inteligente precisa permitir que os mais pobres se desloquem pagando menos e possam viver em lugares bonitos.

A nova ecologia também permite transformar nossos campos. Ela pode ser um fator de grande desenvolvimento para nossa agricultura se, nesse caso também, soubermos aproveitar a oportunidade. Primeiro porque a diversificação de atividades, em particular dirigida à produção e à valorização energética, é uma fonte de renda que tem aumentado para os agricultores. Em seguida, porque a multiplicação de crises conjunturais (leite, carne, cereais etc.), sanitárias (vaca louca, gripe aviária) e ambientais (pesticidas, nitratos) dá provas de um modelo agrícola em crise. De um lado, os agricultores desejam, como todos os franceses, poder viver de seu trabalho, simplesmente. Eles não pedem sempre mais ajuda; eles gostariam que seu trabalho pudesse ser remunerado por um preço justo. Por outro lado, os consumidores esperam uma alimentação mais sadia e equilibrada, e contam com os agricultores franceses para providenciá-la. No futuro, devemos fazer um novo pacto entre a sociedade e o mundo agrícola para permitir que maior número de pessoas tenha acesso a uma alimentação de qualidade, a preços razoáveis, mas que garanta uma renda decente aos agricultores. Esse pacto social deve considerar uma agricultura ao mesmo tempo mais competitiva e mais sustentável. Entendo que essas exigências não são contraditórias, mas é preciso permitir que os agricultores e a indústria agroalimentar aproveitem essa virada. É preciso cuidar para que a grande distribuição também entre no jogo.

Para tanto, devemos regular melhor os diferentes processos, por meio de contratos que permitam determinar o preço justo:

um preço que permita ao produtor, ao intermediário e ao distribuidor viver e investir; isso supõe transparência em todas as margens e acordos plurianuais que permitam que cada um deles se planeje e não sofra com a volatilidade dos preços. Todos devem compreender que da nossa agricultura depende a nossa soberania alimentar e, portanto, o nosso futuro.

Nesse contexto, a nova Política Agrícola Comum (PAC) de 2020 será um encontro importante para estabelecer uma regulamentação mais eficiente, que permita progredir na proteção contra as flutuações muito fortes dos preços.

As práticas também devem mudar. Os agricultores precisam se envolver desde o início e valorizar seus produtos. É necessário ajudá-los e encorajá-los. A alguns quilômetros de Château-Thierry, em Aisne, conheci o dono de uma criação familiar de porcos e aves que ia acabar com o empreendimento depois de muito tempo. Com cinquenta porcas e a violenta crise dos últimos anos, ele não tinha nenhuma chance. Contudo, o homem investiu na qualidade, decidiu transformar seus produtos e vendê-los, como se diz na França, em circuito curto.[6] Hoje em dia, não só ele vive do trabalho como seus três filhos vão sucedê-lo na criação, continuando a diversificá-la.

Os viticultores já fizeram essa transformação, substituindo a produção em massa, por exemplo, a do Sul, por denominações de origem controlada (DOC). Os viticultores que estavam em vias de perder tudo encontraram uma nova dinâmica econômica, e como consequência conquistaram a revitalização turística.

---

[6] Segundo o Ministério da Agricultura francês, ocorre quando a comercialização dos produtos agrícolas é feita diretamente do produtor ao consumidor ou apenas com a intervenção de um intermediário. [*N. da T.*]

REVOLUÇÃO

O que foi feito na viticultura precisa ser realizado em todos os nossos setores, que, assim, vão se impor tanto junto aos consumidores franceses quanto aos estrangeiros. Recentemente, a Unesco classificou a refeição gastronômica francesa[7] como patrimônio cultural imaterial da humanidade. Em torno dessa marca registrada, existem mercados para a saída de todos os produtos de nossa agricultura se formos capazes de melhorar sua qualidade. Aí, também, como em todos os setores, a produção francesa não se decreta: precisa ser conquistada.

Os franceses são, entre os cidadãos, os mais preocupados com o futuro do planeta, mas, quando se trata de mudar de hábitos, eles ficam apenas na média europeia no que se refere à reciclagem e à renovação energética das construções.

A ecologia não pode se limitar aos debates de especialistas ou a grandes conferências internacionais. Deve ser vivida, inicialmente, no cotidiano, nas decisões e iniciativas dos lares, das empresas, das comunidades locais, das ONGs: reciclagem, escolha de consumo de produtos sustentáveis, compra de matérias-primas certificadas, fabricação de produtos ecológicos, retornáveis em vez de descartáveis, escolha da mobilidade e trabalhos de isolamento. Os poderes públicos têm o dever de criar as ferramentas e os incentivos, mas não podem decidir no lugar dos atores.

É preciso permitir que todos encontrem uma maneira de se engajar, confiando nas decisões públicas.

---

[7] A refeição gastronômica francesa precisa respeitar um esquema bem estabelecido. Deve começar com um aperitivo e terminar com um digestivo e ter, no mínimo, quatro pratos entre eles: uma entrada, peixe e/ou carne com legumes, queijos e sobremesa. [*N. da T.*]

CAPÍTULO VIII

EDUCAR TODAS AS NOSSAS CRIANÇAS

nvestir em nosso futuro e produzir no século XXI é a essência da renovação produtiva. E, para o país se recuperar e permitir que cada um encontre seu lugar na grande transformação que está em curso, a escola é a primeira batalha.

Devemos recusar tudo o que leve à limitação dos franceses a suas diferentes origens. Essa recusa é a via francesa, a que faz a nossa grandeza. Entretanto, além disso, devemos lutar para que o acesso ao saber e à cultura seja mais bem distribuído.

No século passado, nossas escolas, nossos colégios, liceus, universidades e as grandes instituições acadêmicas mantiveram seu mérito. Não foi por acaso que a França se tornou uma grande potência científica, tecnológica, comercial, militar, cultural e política. Foi porque os franceses eram bem formados que tivemos um êxito excepcional durante um período tão longo. Permitimos o acesso à educação de um grande número de pessoas, acolhemos novos públicos, fizemos aumentar consideravelmente a proporção de bacharéis e de portadores de diplomas de ensino superior em nosso país.

Porém, hoje em dia, os resultados de nossas escolas se tornaram medíocres. Nosso sistema educacional mantém as desigualdades, ou melhor, as acentua, em vez de reduzi-las. Os alunos franceses não têm confiança em si mesmos nem na instituição. Os pais são ansiosos. Além do mais, os professores lutam contra a indiferença de um sistema burocrático que não sabe mais reconhecer nem seus esforços, nem seus méritos.

Um quinto dos alunos sai da quarta série sem saber ler, escrever ou fazer contas. As primeiras vítimas dessa hecatombe são os franceses mais pobres, que, em geral, descendem de imigrantes. Eles não têm um desempenho melhor nas outras séries do ensino fundamental, nem no ensino médio, que, no entanto, desenvolveu um ensino técnico e profissionalizante, sem que esses últimos tenham atingido a eficácia do sistema de aprendizagem de nossos vizinhos alemães. Quando não se sabe ler e escrever na quarta série do ensino fundamental, as chances de se formar numa profissão e, mais tarde, encontrar um lugar na sociedade são quase nulas.

Quanto a nosso sistema de ensino superior, ele faz uma triagem entre os estudantes de alto potencial e os outros. Os primeiros acabam indo para as grandes instituições ou para melhores formações universitárias. Os outros, que têm mais necessidade de serem acompanhados, em geral enveredam às cegas na universidade em cursos compartimentados aos quais a nação não consagrou o esforço nem a atenção que deveria.

No quesito educação, foram lançadas muitas falsas reformas, sendo a última a da carga horária semanal,[1] que constitui um desafio importante para o cotidiano das crianças e o bom funcionamento da escola. Improvisaram ao suprimir a formação inicial dos professores e depois ao recriá-la sem questionar os objetivos pretendidos. Aumentaram e, depois, diminuíram os recursos, sem alcançar resultados nem avaliar as consequências. A esquerda e a direita foram, alternadamente, os artesãos desse fracasso, que fez da França o quinto país mais rico do mundo, uma nação de desempenhos vexatórios na aquisição das competências básicas. Isso é verdade na aprendizagem tanto de saberes fundamentais na matemática quanto no domínio escrito e oral do inglês e de muitas outras disciplinas.

Há muitos anos, o Estado impede a si mesmo de fazer transformações radicais. Ele não faz sequer novas perguntas, privando-se, assim, de respostas originais e de grande eficácia. O futuro das crianças do nosso país e, em especial, dos mais desfavorecidos — três milhões de franceses vivem no limiar da pobreza — pede bem mais do que reformas secundárias, um pouco mais ou um pouco menos de recursos ou de discussões sobre a evolução deste ou daquele programa...

Se há uma revolução que devemos fazer, é a da educação. E ela precisa ter frentes de batalha.

Comecemos pelos quatro primeiros anos do ensino fundamental. É aí que as desigualdades criam raízes e que podemos agir de forma mais eficaz. Na França, o investimento público no

---

[1] Quatro dias ou quatro dias e meio de aulas. [N. da T.]

ensino fundamental é nitidamente inferior à média dos países desenvolvidos. Enquanto não conseguirmos obter resultados melhores até o quarto ano, a situação dos outros quatro anos, nos quais pedimos para atender uma população em grande dificuldade, não vai melhorar. Portanto, vamos começar pelo objetivo prioritário de uma pré-escola e de um primeiro e segundo anos mais eficientes e mais justos.

Isso precisa passar por um grande plano de reinvestimento nos quatro primeiros anos do ensino fundamental, principalmente destinado ao maternal situado nas redes de educação prioritária,[2] na repetição de ano das turmas de pré-escolar dessas áreas menos favorecidas, na formação e no acompanhamento dos professores — preferencialmente em benefício de certas áreas urbanas e rurais, o que também obriga a investir no pessoal que dá suporte às escolas mas não é professor, e a melhorar a medicina nas escolas. Muitas crianças que chegam ao fim do segundo ano não sabem ler nem escrever porque têm problemas de visão, de audição ou patologias diagnosticadas tarde demais. Detectadas logo nos primeiros sinais, elas poderiam ter sido corrigidas e os acompanhamentos necessários poderiam ter sido feitos. Essa será a minha prioridade e eu vou financiá-la, sobretudo cancelando várias das últimas reformas inúteis e caras.

A escolarização precoce, sobretudo para crianças que vêm de meios mais desfavorecidos, tem um efeito positivo, que nem se precisa provar, na aquisição da linguagem e da ampliação do

---

[2] A política de educação prioritária tem como objetivo corrigir o impacto das desigualdades sociais e econômicas no sucesso escolar, com um reforço de ação pedagógica e educacional nas escolas das áreas com maior dificuldade social. [*N. da T.*]

vocabulário, primeira condição para ter acesso à leitura e à escrita. Essa escolarização será desenvolvida.

Também faço questão de rever o funcionamento do mapa escolar, a fim de acabar com o isolamento dos bairros e de lutar contra o determinismo social e escolar que se instala desde a mais tenra idade. Isso implica redefinir regras claras de distribuição dos alunos, valorizar as escolas de bairros difíceis implantando práticas pedagógicas inovadoras e exclusivas e, consequentemente, garantindo o transporte escolar.

No que se refere aos outros anos do ensino fundamental, vamos rever a supressão das seções europeias, porta de entrada de nossos jovens para a cidadania. Vamos restabelecer no quinto ano, em todas as divisões administrativas de ensino, as classes bilíngues inglês-alemão. Formar jovens germanófonos é estratégico para a relação franco-alemã, conforme os compromissos solenes assumidos pelo general De Gaulle em 1963.

Depois da escola fundamental e do ensino médio, a segunda frente de combate terá a ver com a orientação, antes e depois, do *baccalauréat*.[3] Isso é ainda mais urgente aos meus olhos porque não parece preocupar realmente os responsáveis pelo sistema educacional de hoje. Atualmente, cerca de cem mil jovens saem todos os anos do nosso sistema sem diploma nem formação. Além do mais, mesmo que 80% de uma faixa etária chegue ao *baccalauréat*, muitos deles se perdem em formações

---

[3] Exame que se faz na França, no fim do terceiro ano do ensino médio, e que, se o candidato obtiver 50% dos pontos, terá direito a entrar numa universidade. [*N. da T.*]

universitárias inadequadas que acabam por ser abandonadas. É um desperdício para eles e para a sociedade.

É aí que voltam a ser criadas injustiças profundas. Quando os alunos vêm de uma família abastada e os resultados escolares são bons, eles vão para turmas preparatórias[4] ou para formações seletivas; sem falar dos jovens, cada vez mais numerosos, que vão para o exterior cursar uma universidade anglo-saxã ou europeia. Se ninguém pode orientar ou aconselhar um jovem, muitas vezes ele se vê, sem nenhuma formação, num curso universitário por falta de informação, sendo que um curso mais profissionalizante ou outra disciplina seria mais conveniente. Precisamos, portanto, desenvolver maciçamente nossos esforços em orientação, e isso desde o ensino fundamental.

Esse esforço não deve ser construído partindo do que o sistema julga bom ou útil, e sim em função do potencial de cada jovem francês. É ele ou ela que devem ser informados para se permitir que escolham livremente o caminho que irá trilhar. Com esse pensamento, desejo que sejam claramente exibidos, no momento da inscrição num curso universitário ou profissionalizante, os resultados do aluno nos três anos anteriores. É preciso saber quantos foram até o fim, quantos encontraram um emprego ou continuaram um curso superior. As condições de equidade só serão restauradas com transparência e melhor informação dos alunos e das famílias.

O ensino profissional deve ser considerado um trunfo total de nosso sistema educacional. Ele tem a ver, principalmente,

---

[4] Cursos que preparam para as grandes instituições acadêmicas. [*N. da T.*]

com esse esforço de orientação. Se não se desenvolve como deveria, é porque a educação nacional não o conhece muito bem, chegando até à relutância. É também porque o papel de formação ainda é muito pouco assumido pelas nossas empresas. Vamos simplificar as coisas: o Estado precisa definir os programas e o quadro do ensino profissional, e a gestão desses cursos deve ser transferida para as regiões administrativas.

Por fim, a universidade. Nossas universidades são celeiros de sucessos e de excelências mundiais. Podemos ficar honrados com os prêmios Nobel e distinções prestigiosas em inúmeras disciplinas. O mesmo com as inovações concretas em todo o país, que traduzem uma energia, uma vontade de seguir em frente. Existe um orgulho de estar "na faculdade". E é revelando todos esses sucessos que daremos aos estudantes e pesquisadores, tanto franceses quanto estrangeiros, o gosto pela universidade francesa. Tudo isso é necessário para nossa coesão social e para nossa economia!

No entanto, os desafios da universidade não são pequenos. O número de estudantes explode, e esse movimento vai continuar. A partir de 1960, o número de alunos do ensino superior foi multiplicado por oito. A concorrência internacional aumentou e só vai se acentuar. A Ásia é um ator perfeito, do Japão até a China. Hoje em dia, a concorrente de uma universidade parisiense não é outra universidade parisiense: é a Escola Politécnica de Lausanne, na Suíça, ou a London School of Economics, no Reino Unido. Graças à revolução digital, atualmente é possível seguir um curso do Massachusetts Institute of Technology (MIT) de Boston sem sair de Paris, sem se inscrever, sem ser estudante e por um custo menor. Pouco a pouco, o mercado do saber se desregula. Partes inteiras da economia balançam. Milhões de empregos estão sendo transformados nas fábricas, nos bancos e nas companhias de seguros. Ora, nossa taxa de desemprego é, também, reflexo de nossa dificuldade em aproveitar essas novas oportunidades econômicas. Nossa economia continuará entre as primeiras do mundo desde que nossas universidades se adaptem e evoluam em suas formações.

Nesse contexto, se quisermos triunfar, devemos dar às universidades maior autonomia pedagógica e mais recursos. Devemos proteger os estudantes mais pobres com uma ajuda social efetiva, permitir que as universidades solicitem contribuições aos estudantes mais ricos, ter meios para atrair os melhores professores, para abrir as bibliotecas universitárias à noite e nos fins de semana, como os estudantes precisam e como já se faz em muitos países, sobretudo nos Estados Unidos. Vamos acabar com os velhos dogmas. Eles só têm uma vítima: a juventude do nosso país. Nós só temos um dever: fazer com que essa juventude tenha sucesso.

Como conseguir isso? Com os professores!

Para mim, o problema não está em uma pretensa "crise de recrutamento". O número de candidatos ao magistério nunca foi tão alto. O problema está no funcionamento da educação nacional, isto é, no modo de gestão das transferências de professores, cogeridas pelo governo e pelos sindicatos nacionais, de maneira tecnocrática.

As regras de transferência, rígidas e pouco transparentes, levaram a uma situação insuportável para os professores envolvidos e para as crianças de áreas já desfavorecidas, caso de Seine-Saint-Denis: lá, os professores titulares são muito jovens, inexperientes e em número insuficiente.

O número de textos para regulamentar só aumenta, em especial as "circulares"... As lógicas de acompanhamento, de experimentação, de avaliação e de compartilhamento das competências são fracas. De um lado, a administração do ministério não pode deixar de dizer a mais de um milhão de funcionários o que eles devem fazer, nos mínimos detalhes; do outro, os conservadores clamam contra a ruptura da igualdade republicana se tivermos a má ideia de pronunciar a palavra "autonomia". É urgente compreender que a uniformidade não é um fator de igualdade: fazer igual para todo o mundo é ter a certeza de que só uma pequena minoria conseguirá se sair bem. É preciso, ao contrário, fazer mais para aqueles que têm menos. Como podemos pensar, sinceramente, que uma escola de ensino fundamental da rede de educação prioritária, onde 60% das crianças não sabem ler nem escrever no quarto ano, possa enfrentar os mesmos desafios que a escola de um bairro mais privilegiado? Devemos investir da mesma maneira nessas escolas, com o pretexto de que temos paixão pela igualdade? Minha convicção é que precisamos dar à primeira escola citada muito mais recursos e muito mais autonomia. Devemos permitir que ela tente o que nunca foi experimentado: atrair os melhores professores pagando mais a eles e aumentar o número de horas de aulas. Para ser uma igualdade real, é preciso dar mais para aqueles que mais precisam.

Tudo depende, na realidade, da confiança que depositamos em quem trabalha nessa área. Eles são os melhores para pesquisar, organizar e financiar as inovações mais interessantes. Penso, especialmente, nos novos métodos de aulas *on-line*, que permitiriam aos alunos que não sabem ler quando saem da pré-escola e passam para o primeiro ano recuperar o atraso. Nessa lógica, a autonomia das escolas precisa ser assumida e deve servir de modelo para a organização da educação nacional. A legítima contrapartida desse movimento seria a emergência de uma instância de avaliação independente e forte dos estabelecimentos de ensino, baseada em objetivos claros e compartilhados. Isso significaria que os professores poderiam ter mais iniciativa para testar outros métodos e adaptá-los às crianças com o único objetivo de ensinar melhor. Sou favorável a que recursos significativos possam ser liberados para equipes de professores que desejem se agrupar e experimentar novas soluções, e isso a partir da volta às aulas em 2017. É claro que eles prestariam contas dos resultados obtidos, mas receberiam um grande voto de confiança. Além do mais, não haveria nenhuma oposição se alguns quisessem criar escolas radicalmente novas.

Teremos sucesso nessa revolução se recuperarmos o gosto pelo compromisso republicano. Se pusermos a profissão de professor no centro da República. Meu percurso pessoal me deu a certeza de que transmitir ensinamentos e formar é um desafio básico. Contudo, alguma coisa se rompeu no contrato entre a nação e seus professores. Foi uma ruptura que a direita deixou aumentar, e foi uma fratura que a esquerda não soube consertar. Em certas circunstâncias, a esquerda imaginou que manobrava essa situação, e os franceses, principalmente os mais fracos, sentiram isso. Foi um erro moral que precisa ser corrigido.

Se não levarmos em consideração a situação moral dos professores, não chegaremos a nada. Falo dos professores jovens jogados no fundo das zonas difíceis, dos professores inexperientes confrontados com problemas de disciplina, com titulares de doutorado que esperam anos por um cargo de professor adjunto, depois décadas por um cargo de professor universitário.

São cargos administrativos que ficam sobrecarregados, uma relação com encarregados de educação que se degrada, uma remuneração nem sempre valorizada e a pressão para trabalhar mais ganhando igual e até menos.

Com muita frequência, e é preciso ter coragem para dizer, a insatisfação dos professores não tem origem na sociedade, e sim no próprio mundo do ensino: uma administração onipresente, uma cogestão complexa, uma gestão das escolas em que o limite entre autonomia e obediência às regras vindas de cima é indefinido, por fim, as incessantes mudanças de programas e de softwares ministeriais que decidem o destino dos estudantes bem mais do que os professores, que, no entanto, os conhecem melhor.

Sim, a Revolução na educação é possível, e nós a faremos com eles.

CAPÍTULO IX

PODER VIVER DO PRÓPRIO TRABALHO

Não acredito que a política deva prometer a felicidade. Os franceses não são ingênuos: eles sabem muito bem que a política não pode tudo, que não consegue resolver tudo, conduzir tudo ou melhorar tudo. Bem mais do que ter como objetivo alcançar a felicidade, tenho convicção de que a política deve desenvolver uma perspectiva que permita a todos encontrar o seu caminho, ser donos do seu destino e exercer sua liberdade. E poder escolher a própria vida. É com essa promessa de emancipação que a política deve reatar. Porém, antes de escolher a vida que se quer ter, é preciso poder viver do próprio trabalho.

É trabalhando que podemos viver, educar nossos filhos, aproveitar os bons momentos, aprender e estabelecer laços com as outras pessoas. É, também, o trabalho que permite sair da condição em que se está e conquistar um lugar na sociedade. Portanto, não acredito nos discursos sobre o "fim do trabalho".

Emmanuel Macron em seu escritório como ministro da Economia durante mandato de François Hollande, agosto de 2014.
(Vincent Capman/Paris Match/Getty Images)

Macron em ato do *En Marche!* no Parc des Expositions Porte de Versailles, em Paris. O ato abordava as eleições presidenciais de 2017.
(Frederic Legrand - COMEO/Shutterstock.com)

Emmanuel Macron, à época candidato à presidência, posa com um exemplar da edição francesa de *Revolução* durante o Salon du Livre no Parc des Expositions Porte de Versailles, em Paris, março de 2017. (Christophe Morin/Bloomberg/Getty Images)

Brigitte Trogneux (no centro), e suas filhas Laurence Auziere-Jourdan (à esquerda) e Tiphaine Auziere (à direita) comparecem a evento de campanha de Emmanuel Macron em Paris, abril de 2017. Milhares de eleitores se reuniram na AccorHotels Arena para ouvi-lo discursar seis dias antes do primeiro turno das eleições presidenciais. (Aurelien Meunier/Getty Images)

Macron e Brigitte posam para fotos em Le Touquet na véspera do primeiro turno das eleições presidenciais, abril de 2017.
(Eric Feferberg/AFP/Getty Images)

Candidato do movimento *En Marche!*, Emmanuel Macron vota no primeiro turno das eleições presidenciais em Le Touquet, no norte da França, 23 de abril de 2017.
(Eric Feferberg/AFP/Getty Images)

Brigitte Trogneux vota no primeiro turno das eleições presidenciais francesas ao lado do marido.
(Eric Feferberg/AFP/Getty Images)

Macron beija a esposa Brigitte em comemoração ao primeiro lugar no primeiro turno das eleições presidenciais francesas, 23 de abril de 2017.
(Frederic Legrand - COMEO/Shutterstock.com)

Eleitores se reúnem próximo ao Louvre, em Paris, para comemorar a eleição do novo presidente da França Emmanuel Macron, 7 de maio de 2017. (Frederic Legrand - COMEO/Shutterstock.com)

O presidente francês recém-eleito Emmanuel Macron, a esposa Brigitte e a filha dela Tiphaine Auziere (à esquerda) comemoram a vitória de Macron na esplanada do Louvre, 7 de maio de 2017, em Paris. (Jean Catuffe/Getty Images)

Macron é recebido por seu antecessor François Hollande ao chegar no palácio do Eliseu para a cerimônia de transferência do poder, 14 de maio de 2017.
(Stephane de Sakutin/AFP/Getty Images)

Emmanuel Macron durante desfile em carro aberto pela Champs Elysées após a cerimônia de transferência do poder.
(Frederic Legrand - COMEO/Shutterstock.com)

O presidente francês recebe o presidente da Rússia Vladimir Putin na Galeria das Batalhas para uma coletiva de imprensa no palácio de Versalhes, 29 de maio de 2017. (Frederic Legrand - COMEO/Shutterstock.com)

Emmanuel Macron joga tênis em cadeira de rodas com o tenista francês Michael Jeremiasz em Paris, 24 de junho de 2017. A capital francesa foi transformada em um grande parque esportivo para celebrar o Dia Olímpico com diversos eventos abertos ao público ao longo de dois dias, aproveitando a candidatura da cidade para ser sede dos Jogos Olímpicos e Paralímpicos de 2024. (Alain Jocard/AFP/Getty Images)

Macron improvisa golpes com um parceiro de boxe.
(Jean-Paul Pelissier/AFP/Getty Images)

O presidente francês e a chanceler alemã Angela Merkel durante o encontro preparatório para o G20 na Chancelaria Federal em Berlim, 29 de junho de 2017.
(360b/Shutterstock.com)

Emmanuel Macron recebe o presidente americano Donald Trump no palácio do Eliseu para uma entrevista, 13 de julho de 2017.
(Frederic Legrand - COMEO/Shutterstock.com)

PODER VIVER DO PRÓPRIO TRABALHO

Reservando de fato o emprego para os mais produtivos, assumindo atirar uma parte da população no fosso da "inutilidade" econômica, esses discursos sempre me pareceram uma derrota estrondosa da mais bela promessa da República, a da emancipação de todos. Por isso, tenho certeza de que nossa prioridade precisa continuar a ser a luta contra o desemprego. E o exemplo de parceiros que conseguiram isso, a começar pela Alemanha, mostra que não há fatalidade: existem soluções, mas é necessário ter coragem para colocá-las em prática.

Não creio que o "pleno emprego" sozinho seja suficiente para devolver a confiança ao país. Os exemplos dados pelo Reino Unido e pelos Estados Unidos, onde esse objetivo foi atingido, comprovam isto: tanto o Brexit quanto a ascensão de Donald Trump ao poder são sintomas do desespero que domina as sociedades que renunciam à igualdade.

Todos devem ter um trabalho; para cada trabalho, deve haver uma remuneração digna e perspectivas.

Em que ponto estamos hoje no que se refere a essa promessa?

O mercado de trabalho na França está doente em todos os níveis. A taxa de desemprego se instalou de forma duradoura em índices elevados — ela afeta uma em cada dez pessoas em idade produtiva, um em cada quatro jovens e, em algumas regiões mais carentes, uma a cada duas pessoas. Áreas inteiras perderam postos de trabalho, o que alimenta a desesperança e a ira daqueles que vivem lá — formando, ao mesmo tempo, uma terra de radicalização islâmica e uma população que vota na Frente Nacional. Esse medo se espalha por toda a sociedade — desde a infância somos assombrados pela má escolha dos estudos, obcecados com a carreira e com a possibilidade de ascensão. Os que têm emprego não estão mais seguros. Ao lado daqueles que usufruem de um contrato estável com duração indeterminada, existem milhões de pessoas condenadas à insegurança perpétua — 70% dos empregos são preenchidos com contratos curtos, com duração de menos de um mês, muitas vezes na mesma empresa. Há, também, os muitos que não conseguem mais viver do que ganham, como muitos agricultores e profissionais com jornada parcial — a grande maioria, mulheres.

A França precisa de regras que permitam a todos viver do trabalho. Acontece que as regras que temos hoje, criadas no fim da Segunda Guerra Mundial, não estão alinhadas com os desafios contemporâneos.

Essas regras favorecem os *insiders*, isto é, aqueles que estão empregados e são mais protegidos do que outros, em detrimento dos *outsiders*, isto é, os mais jovens, os que têm formação de qualidade inferior, os mais frágeis. É isso que fez o nosso modelo social se tornar injusto e, ao mesmo tempo, ineficaz: ele favorece o status e paralisa a mobilidade.

Em primeiro lugar, quero garantir que todos possam encontrar um lugar no mercado de trabalho, qualquer que tenha sido sua trajetória escolar. Hoje em dia há dois milhões de jovens sem emprego e sem qualificação. Milhões de trabalhadores sem diploma. É preciso facilitar o acesso deles ao emprego sem renunciar à importância das qualificações.

Devemos, assim, sistematizar a aprendizagem para todas as formações profissionais até o nível do *baccalauréat*,[1] concentrar

---

[1] Diploma do sistema educacional francês que os estudantes recebem ao final do equivalente ao ensino médio que também garante o acesso à universidade. [N. da E.]

os recursos nos baixos níveis de qualificação e dar mais peso aos cursos profissionalizantes, a fim de que as pessoas possam se formar na profissão escolhida.

A maioria das qualificações é indispensável, e devemos reconhecer o papel delas tanto na construção quanto em inúmeros outros setores. O problema é que às vezes elas impedem o avanço dos mais frágeis e dos que têm formação menos consistente, impossibilitando-os de criar a própria empresa e de trabalhar por conta própria. Ora, para alguns, é mais fácil encontrar um cliente do que um empregador. Quando se mora em Stains, na região de Paris, ou em Villeurbanne, na região de Lyon, é mais fácil criar a própria empresa e procurar clientes do que ser chamado para uma entrevista de emprego. Proibir essas pessoas de fazer isso por meio de regras de qualificação é condenar os jovens ou os nem tão jovens ao desemprego.

Eu me lembro de Michel, que conheci em Colmar. Aos cinquenta anos, trinta deles trabalhados no setor de carrocerias sem ter o CAP,[2] ele não conseguia mais arrumar emprego. Estava muito velho. E não tinha permissão para montar a própria empresa! Será que ele tinha condições de conseguir um CAP, ou mesmo tempo para isso? E por essa razão ele estava condenado ao desemprego.

O primeiro inimigo dos jovens, sobretudo dos menos qualificados, é o custo do trabalho. Não creio que criar um SMIC[3] jovem seja uma boa maneira de abordar o problema, que deve ser enfrentado com lucidez. É preciso apoiar a aprendizagem. O

---

[2] Certificado de Aptidão Profissional. Curso e diploma que qualifica operários e empregados em determinada profissão. [N. da T.]
[3] Salário Mínimo de Crescimento. Corresponde ao salário mínimo por hora que o empregado deve receber. Descontos são aplicados no caso de aprendizes e assalariados com menos de 18 anos. [N. da T.]

aprendiz recebe um salário menor, mas usufrui de uma formação que vai qualificá-lo e que, em seguida, vai permitir que ele se integre ao mundo do trabalho. O que eu desejo é destravar a aprendizagem, facilitar o controle do sistema e dar mais peso aos ramos profissionais para definir as formações.

Além do custo do trabalho, existe o custo da ruptura. Os procedimentos da Justiça do Trabalho, atualmente, são longos, complexos e obscuros. A grande empresa, que pode esperar e que dispõe de um batalhão de advogados para desenredar a complexidade do sistema, não é a vítima. Quem paga o preço é o assalariado com pouca formação que perdeu o emprego e que espera durante meses, às vezes anos, para chegar ao fim do processo e receber a indenização. É, também, o pequeno empresário que tem apenas um ou dois funcionários e que, enquanto espera o julgamento, se recusa a contratar. Foi por isso que eu lutei para reformar a Justiça Trabalhista — e vou continuar a lutar. É por isso que vou implementar um piso e um teto para indenizações concedidas nesse âmbito.

Ao mesmo tempo, temos que defender o nível de vida das pessoas que estão trabalhando. Isso vai além da questão do poder de compra. Trata-se de dignidade e consideração. Como aceitar a situação na qual vivem tantos agricultores? Como aceitar que tantos assalariados tenham a sensação de que trabalhar resulta em tão pouco para eles? Acho que as promessas, feitas de cima, de aumento incontrolado e generalizado dos salários não são boas: elas punem as empresas e, no final, também os assalariados; definitivamente, elas alimentam o desemprego.

Temos uma batalha essencial a travar em favor do poder de compra. De fato, é anormal que a seguridade social, que beneficia a todos, seja suprida principalmente da receita do trabalho. Essa é uma das razões pelas quais tantos franceses se surpreendam quando ouvem as empresas reclamarem de um "custo do trabalho" elevado, quando eles mesmos têm a sensação de serem muito mal remunerados pelos seus esforços.

Por isso proponho reduzir as contribuições salariais e as contribuições pagas pelos profissionais liberais. Isso permitirá aumentar consideravelmente os salários líquidos sem aumentar o custo do trabalho nem deteriorar a competitividade e o emprego. O financiamento dessa medida se fará de uma maneira que os trabalhadores sairão ganhando.

Para os mais pobres, é necessário fazer uma reforma dos benefícios sociais. Esses benefícios não deverão ser retirados tão rapidamente em caso de retomada da atividade. O objetivo deveria ser incitar a volta ao mercado de trabalho e manter a renda dos trabalhadores mais pobres, mas nós fazemos exatamente o contrário!

Lutar para que todos possam viver do próprio trabalho é, também, permitir que os atores econômicos enfrentem as mudanças. O legislador não é capaz de prever todas elas. Como pensar que se pode reger da mesma maneira os setores da agricultura, dos artigos de luxo, do artesanato e da comunicação? Em matéria de trabalho, continuamos a organizar tudo pela legislação.

Mais do que nunca, precisamos de agilidade e flexibilidade em todos os níveis: é o desafio da reorganização do nosso código trabalhista.

Para ter sucesso em uma economia de conhecimento, de velocidade e de inovação, é preciso estar disposto a adaptar permanentemente sua organização. Se tiver receio de não poder fazer isso, o dono da empresa não vai contratar — ou não vai contratar o suficiente. Para oferecer aos assalariados o melhor comprometimento social possível, de acordo com a conjuntura econômica e os imperativos do setor, é preciso dar mais abertura à negociação e ao diálogo.

Acontece que na França, nesse aspecto, temos muitas regras, e elas são bastante rígidas, definidas pela legislação e, portanto, homogêneas para todo tipo de empresa e todas as variedades de setores. Isso não faz sentido.

Vejamos, por exemplo, as consequências dessa abordagem com a implantação das 35 horas. Aqueles que acreditam que é preciso voltar das 35 para as 39 horas vão explicar aos franceses que todos eles trabalharão quatro horas a mais por semana sem que essas horas suplementares sejam devidamente remuneradas? Isso também não faz sentido. Para algumas empresas, as 35 horas são mais do que convenientes. Para outras, não: elas precisariam que os parceiros sociais[4] decidissem trabalhar mais — por exemplo, para atender as encomendas — ou menos — por exemplo, para evitar demissões.

Nas situações em que a legislação permite, principalmente nas grandes montadoras de automóveis ou nas empresas de construção naval, trabalhar um pouco mais permitiu salvar milhares de empregos. Os mesmos sindicatos que impediam a negociação nacional, e haviam se posicionado contra esse tipo de reforma por ideologia, aprovaram o acordo das empresas. Na condição de ministro, fui a Saint-Nazaire para assinar os pedidos de algumas encomendas e a construção de um novo navio em uma empresa que estava para fechar dezoito meses antes. Ela sobreviveu graças

---

[4] São os representantes das organizações sindicais patronais e dos trabalhadores. [N. da T.]

ao esforço conjunto da direção e dos funcionários, que conseguiram fazer um acordo que previa, por longos meses, o desemprego parcial. Graças a isso e com o apoio do Estado acionista, a empresa pôde ser salva e retomar as atividades rapidamente quando as primeiras encomendas foram feitas. Hoje em dia, ela tem pedidos para mais de dez anos, o que nunca havia acontecido antes. Essa é a prova de que não existe fatalidade!

Por outro lado, uma reforma criou a *compte pénibilité* — a qual garante condições especiais de aposentadoria a trabalhadores em situação de insalubridade —, que embora seja boa na teoria, não pode ser aplicada a todas as empresas da mesma maneira. Para um grande grupo fabricante de automóveis, ela não traz problemas e representa um verdadeiro progresso para os funcionários. Para uma pequena empresa do ramo da construção civil ou uma panificadora, ela é quase impossível de ser implantada. Servirá apenas para tornar mais complexa a vida do empreendedor e afetará muito o emprego.

Precisamos, portanto, conviver com a ideia de que a lei pode prever tudo, para todos e em todas as situações.

Sou favorável a mudar profundamente a estrutura dos direitos trabalhistas e permitir aos acordos de setores[5] e aos acordos de empresa[6] se colocarem contra a legislação por decisão majoritária sobre todos os assuntos desejados.

---

[5] Acordo concluído entre um ou vários grupos empresariais que pertencem a um mesmo setor de atividade e uma ou várias organizações sindicais representativas. [N. da T.]
[6] Acordo sobre as condições de trabalho e garantias sociais dos empregados de empresa, resultado de negociação entre os delegados sindicais e o empregador. [N. da T.]

Repito que o nosso código trabalhista deve definir os grandes princípios com os quais não queremos transigir: igualdade entre homem e mulher, tempo de trabalho, salário mínimo etc. E vamos remeter à negociação de setor e, em segunda instância, à negociação da empresa, a responsabilidade de definir os equilíbrios pertinentes e as proteções úteis. Dessa forma, conseguiremos simplificar as coisas de maneira mais próxima da situação, confiando na inteligência das partes. Hoje em dia, reconhecemos que o cidadão pode se expressar de forma válida sobre todos os assuntos por meio do voto: por que deveríamos pensar que ele não está apto a se pronunciar sobre aquilo que determina o seu cotidiano?

Não acredito nem por um instante que possamos construir a prosperidade do amanhã reduzindo de maneira unilateral os direitos de todos os assalariados. Também não acredito que possamos ter bom êxito na globalização com regras rígidas e por vezes totalmente inadaptadas.

Não ignoro o medo que essa abordagem pode provocar. O sistema francês, ao contrário do alemão ou do escandinavo, é pouco dado a essa abordagem de discussão, de negociação e de compromisso. Nossos sindicatos às vezes são muito fracos ou pouco representativos. No entanto, o diálogo social não é um luxo; ele está no centro da abordagem que proponho. Não o diálogo social nacional praticado nos últimos anos, mas o pragmático, no âmbito do setor e da empresa. Precisamos tirar conclusões disso. Devemos dar aos sindicatos os meios de negociação e reforçar sua legitimidade. Para acompanhar essa evolução, vamos instaurar um mecanismo claro de financiamento, pelo qual os assalariados enviariam recursos abundantes, por intermédio da empresa, para o sindicato de sua escolha.

Por fim, se quisermos que todos possam viver do próprio trabalho em uma economia de inovação, é preciso que as pessoas sejam formadas, como deve ser, ao longo da vida.

As empresas, às vezes setores inteiros, são destruídas de modo cada vez mais rápido: isso não deve ser sinônimo de condenação nem ao desemprego, nem à precariedade. Ao mesmo tempo, profissões, oportunidades e novos postos de trabalho se abrem sem cessar: devemos permitir a todos, qualquer que tenha sido sua trajetória, que os aproveitem. Não é mais possível saber aos vinte anos o que vamos fazer aos cinquenta. Para que possamos nos emancipar pelo trabalho, devemos propor uma reestruturação da formação contínua. Não se pode mais ser formado uma vez, aos vinte anos, para toda a vida.

Não podemos prometer a "segurança do emprego" em um mundo onde as mudanças tecnológicas tornam determinadas profissões obsoletas e criam outras. É um mundo de movimento perpétuo. Não podemos prometer que todos os cargos serão permanentemente interessantes e produtivos, porque nunca foi assim. Os que afirmaram isso são hipócritas e nos deixaram como legado a sociedade atual.

Há dois direitos que podemos garantir: mudar de profissão e estar protegido diante da perda do emprego. É no momento de transição que devemos usufruir de mais solidariedade — receber ajuda para vencer a dificuldade.

Cada vez menos os trabalhadores passam toda a carreira na mesma empresa ou no mesmo setor. Portanto, cada vez mais, serão necessários períodos de requalificação ao longo da vida.

A formação contínua ainda não está adaptada. Na França, gastamos todos os anos mais de trinta bilhões de euros em formação profissional. Contudo, mais uma vez, são os mais frágeis que têm mais dificuldade para se formar. Nosso sistema é complexo demais. É preciso conversar com os parceiros sociais, as regiões ou o *Pôle Emploi* (Polo de Emprego) a fim de obter financiamentos para essa formação. O total das providências pode levar até um ano, e são muitos os que desistem ao longo do caminho. Além do mais, a qualidade nem sempre é garantida. Por fim, esse sistema é, sobretudo, destinado àqueles que têm emprego estável e são bem formados.

Nesse ponto nós também devemos fazer uma revolução. Trata-se de oferecer acompanhamento personalizado a todos, com variado balanço de competência dos beneficiados e a obrigação de seriedade e assiduidade da parte deles. Em seguida, devemos oferecer um grande leque de opções — da formação curta, de algumas semanas, para dominar uma técnica indispensável, até uma formação longa, de um ou dois anos, na universidade, por exemplo, para permitir verdadeiras reciclagens. Para tanto, o sistema será mais transparente, dotado de um verdadeiro sistema de avaliação e de publicação de resultados em matéria de volta ao emprego e progressão salarial. Todas as pessoas em idade ativa deverão poder usufruir de recursos para se capacitar e ter condições de se dirigir pessoalmente aos centros de formação, sem intermediário.

Essa formação deve ser aberta aos assalariados que, mesmo tendo um emprego, sofrem com a falta de perspectiva ou têm condições de trabalho frágeis. Por isso é que devemos liberar o seguro-desemprego para aqueles que são demitidos e acompanhá-los em todo o processo de formação e requalificação. Nesse caso, o seguro-desemprego mudaria de natureza. Ele não seria mais um seguro, estritamente falando, e sim a possibilidade de ser financiado pela coletividade nos períodos de transição e formação: um direito universal à mobilidade profissional.

O seguro-desemprego deve ser igualmente aberto aos autônomos, comerciantes e artesãos, em especial no momento em que a diferença entre o assalariado e o trabalhador autônomo desaparece na nova economia de serviços. Esses trabalhadores, em geral, são os mais expostos aos riscos, às reviravoltas da atividade. Ao mesmo tempo, são os menos protegidos pelo nosso sistema. É um paradoxo cruel que necessariamente devemos denunciar.

Inversamente, não acredito nem um pouco no debate lançado por muitos responsáveis políticos sobre a redução gradual do seguro-desemprego: suprimir euros ou meses dos direitos existentes. Desse modo, eles subentendem que as transições não são um problema, que a mobilidade profissional se fará sozinha e que os desempregados são de certa forma culpados pela própria condição. Eu penso o contrário. Penso que um investimento público maciço seja necessário; mas um investimento a serviço da formação e da qualificação, com a contrapartida da responsabilidade de cada um, controle de assiduidade e avaliações da formação profissional.

Essa revolução, contudo, não significa estatização. O Estado deve financiá-la — ele já faz isso, mas sem tomar nenhuma providência para a garantia —, e ser o responsável pelo seu bom funcionamento. Mas o Estado deve também delegar consideravelmente, como começou a fazer, os balanços de competências aos prestadores particulares. O Estado deve delegar as formações às regiões, aos setores profissionais, às universidades, às escolas e aos centros de aprendizagem. O Estado ficará encarregado de avaliá-los. A contrapartida é que nós reforçaremos os controles e as exigências de busca de emprego e de formação para termos certeza do bom uso desses fundos. O que eu desejo é um sistema exigente, com direitos e deveres. A equação é clara: depois de certo tempo desempregado, quem não se formar não será mais indenizado. Uma vez, terminada a formação, quem não aceitar uma oferta de emprego razoável também não será mais indenizado. Essa é a única maneira de garantir que o dinheiro seja gasto de forma justa e eficaz. Será uma alavanca possante da economia.

Não basta, porém, "viver do próprio trabalho" para escolher a própria vida. Essa promessa não se mantém sozinha. Ela precisa se apoiar em uma remodelação completa de nosso sistema social, partindo de um conceito simples: fazer mais por aqueles que têm menos.

CAPÍTULO X

FAZER MAIS POR AQUELES QUE TÊM MENOS

Neste mundo em que tudo evolui tão rapidamente, os franceses precisam assumir mais riscos, inovar. Esse é o verdadeiro sentido dessa revolução da formação. Mas a transformação também faz surgir novas desigualdades. De um lado estão os franceses que aproveitam a abertura do país para o mundo. Eles receberam uma boa formação e possuem um bom capital econômico e cultural. Do outro estão os franceses mais modestos e mais frágeis. O destino destes últimos está ligado à conjuntura econômica; eles são as primeiras vítimas da concorrência exacerbada e das transformações tecnológicas, da insegurança e do desemprego, dos problemas de saúde e do declínio dos serviços públicos.

Algumas rupturas, sem dúvida, explicam por que o nosso país permanece visceralmente apegado à igualdade. Esse apego nos distingue de algumas sociedades, sobretudo dos anglo-saxões. Não estamos preparados para sacrificar tudo em prol do crescimento econômico ou no altar do individualismo. Nós procuramos um modo específico de liberdade — uma autonomia apoiada na solidariedade.

Acredito profundamente em uma sociedade de escolhas, isto é, livre de todos os tipos de obstrução, liberada de uma organização obsoleta e na qual todos possam decidir a própria vida. A questão é que, sem solidariedade, essa sociedade optaria pela segregação, pela exclusão e pela violência — a liberdade de escolher a própria vida seria reservada aos mais fortes, e não aos mais fracos.

É por isso que devemos inventar novas proteções e novas seguranças. Em suma, dar uma resposta às novas desigualdades.

Para mim, essa resposta procede de uma constatação simples: a uniformidade — de direitos, de acesso, de regras, de ajuda... — não significa mais igualdade. Ao contrário. O desafio não é mais dar a mesma coisa a todos: é fornecer aquilo de que cada um precisa. Isso não é o fim da solidariedade; pelo contrário, é a renovação da solidariedade. Quando os caminhos e as situações são cada vez mais diversos, é indispensável sair de uma abordagem uniforme, sem o que a intervenção pública reproduziria, e até reforçaria, as desigualdades exatamente onde deveria corrigi-las.

Esse processo deveria começar por uma mudança radical do papel do Estado. Ele precisaria se transformar em um "investidor social", considerando os indivíduos não de acordo com o que eles são, mas de acordo com o que poderiam ser e o que poderiam trazer para a coletividade. O Estado não deve se limitar a oferecer uma rede de segurança — isso é o mínimo. Ele deve permitir que cada pessoa expresse todos os seus talentos e toda a sua humanidade, onde quer que ela se situe. Isso é verdade para os mais pobres, a quem não se deve apenas demonstrar solidariedade pecuniária, mas também assegurar um verdadeiro lugar em nossa sociedade. Também é verdade para os que são vítimas de discriminação étnica e religiosa. Não basta proclamar os direitos: é necessário lutar incansavelmente para que se tornem realidade.

Em seguida, o Estado tem que adotar um método diferente. Ele precisa privilegiar uma intervenção cada vez maior, mais barata e mais eficaz. Sobretudo agindo na área da saúde, em que uma política ambiciosa de prevenção se faz necessária.

Enfim, o Estado precisa passar por uma generalização dos direitos, principalmente aqueles que dizem respeito ao desemprego e à aposentadoria, para que os regimes especiais de proteção não criem barreiras e injustiças.

É inaceitável que alguns não tenham quase nenhuma proteção e, ao lado disso, regimes privilegiados subsistam.

Todos os indivíduos devem poder usufruir dos mesmos direitos.

Para os quase nove milhões de franceses que vivem no limiar da pobreza, que têm menos de dez euros por dia para viver depois de pagar as despesas mensais, a miséria não é um risco, e sim uma realidade. E, para muitos franceses que temem a espiral infernal da insegurança, é uma preocupação cotidiana.

Sobre essa questão, a classe política se divide em duas grandes representações, historicamente bem assentadas. De acordo com a primeira, compartilhada por alguns de direita, a maior parte dos beneficiários das *minima* sociais[1] seriam pessoas assistidas — isso seria tornar a vida dos mais pobres ainda mais difícil ao manter um discurso culpabilizador. De acordo com a

---

[1] Benefícios sociais que visam garantir uma renda mínima a uma pessoa, na França. Nenhum imposto é descontado desses benefícios. [*N. da T.*]

segunda, irrigada por uma parcela da esquerda, bastaria pagar alguns benefícios, sem se preocupar, realmente, com quem os recebe. Recuso ambas as abordagens, que semeiam, mais uma vez, o confronto no coração da sociedade francesa.

Existe ainda outra tentação, que atravessa tanto a esquerda quanto a direita, que é a da "renda universal". Ela consistiria em pagar a todos os desprovidos de recursos, sem nenhuma exigência, uma renda que permitisse garantir sua subsistência individual. Considero a ideia sedutora, mas não concordo com ela. Em primeiro lugar, por questões financeiras. Seríamos obrigados a escolher, de um lado, entre uma renda universal baixa, que não resolveria as questões impostas pela grande pobreza, e até deterioraria a situação dos mais precários e, por outro lado, se fosse uma renda universal alta, só poderia ser obtida ao preço de uma colossal pressão fiscal sobre a classe média. No entanto, existe uma razão ainda mais fundamental. Acredito no trabalho como valor, como fator de emancipação, como vetor de mobilidade social. E não acredito que certas pessoas tenham, por definição, vocação para sobreviver à margem da sociedade, sem outra perspectiva a não ser consumir a magra renda que lhe é concedida.

Em linguagem mais simples, acho que devemos solidariedade, assistência e consideração aos mais frágeis.

A solidariedade nos obriga, em primeiro lugar, a permitir que os mais pobres tenham acesso à ajuda à qual têm direito. Um terço das pessoas que podem se beneficiar da renda de solidariedade ativa não faz valer esse direito. Por quê? Alguns, por desconhecimento. Outros, por renúncia voluntária.

A exigência de consideração também nos obriga a reconhecê-los plenamente e a lhes permitir que encontrem uma atividade na sociedade quando isso for possível. Essa perspectiva se apresenta de maneira diferente para pessoas diferentes.

Primeiro, temos que ser implacáveis com os fraudadores — eles estão longe de ser a maioria, mas existem —, pois, além do custo financeiro que impõem à sociedade, eles minam o conceito de solidariedade que nos mantém juntos ao alimentar as denúncias de "assistencialismo", ao fazer recair a suspeita em todos os que recebem a assistência em caráter legítimo. A fraude social e a fraude fiscal, bem superior à primeira em termos de quantia, minam a confiança de muitos cidadãos em nossa ação pública. É isso que justifica uma ação vigorosa.

Em seguida, é preciso acompanhar de maneira rigorosa e personalizada aqueles que podem ir na direção de um retorno progressivo ao mundo do trabalho. Sobre esse ponto, como em muitos outros, a competência das empresas da economia social e solidária, que são a vanguarda da inovação social nos territórios, me parece incontornável. Essa competência merece ser mais estendida. Aí, também, um plano maciço de requalificação, apoiado na reforma da formação contínua, já mencionada, deveria propor uma verdadeira ruptura, interrompendo os ajustes à margem conduzidos nos últimos vinte anos.

Por fim, é preciso reconhecer, e compreender, que certas pessoas são excluídas do mercado de trabalho de forma duradoura e que terão dificuldade para encontrar, algum dia, um emprego. Algumas delas são portadoras de deficiências, têm impossibilidades, trajetórias de vida extremamente difíceis. No entanto, não podem ser deixadas à sua própria sorte. Temos o dever de propor a essas pessoas, o máximo possível, atividades gratificantes para elas e úteis para a coletividade. Elas precisam ser reinseridas, para que encontrem o seu lugar e reconquistem a dignidade. Por muito tempo pensamos que dar dinheiro àqueles que não conseguiam sobreviver seria suficiente como indenização: mas nós lhes devemos muito mais.

Construir nossas políticas de luta contra a pobreza ao lado do público envolvido seria, além do mais, um sinal de consideração e uma garantia de eficiência.

Fazer mais por aqueles que têm menos é, também, endurecer nossa resposta diante das discriminações. Elas são formadas nas diferenças de sexo, de origem, de orientação sexual, de opinião, de deficiências ou estados de saúde. Todas são insuportáveis porque atacam o que somos. Além disso, todas as discriminações são social e economicamente caras.

O primeiro fator de discriminação atinge diretamente, todos os dias, metade da população francesa: as mulheres. Hoje em dia, na França, o cotidiano pode mudar drasticamente se o sujeito for uma mulher. O exemplo do mercado de trabalho é emblemático. As mulheres são constantemente forçadas a trabalhar menos: elas representam 78% dos assalariados de meio expediente. E ganham menos: no mesmo cargo e trabalhando a mesma quantidade de horas, uma mulher ganha dez por cento menos que um homem. Elas também têm menos responsabilidades operacionais: somente três mulheres são responsáveis pela direção ou presidência do CAC 40[2] (sendo que as outras 37 empresas, consequentemente, são dirigidas por homens). Elas empreendem menos: só trinta por cento das empresas criadas são abertas por mulheres. Pior ainda: elas são afetadas por uma

---

[2] Principal indicador econômico do mercado francês. CAC 40 é a sigla em francês de Cotação Assistida Contínua, e o número 40 indica que são quarenta as empresas listadas. [*N. da T.*]

insegurança própria de sua condição, que tem origem nas mil e uma situações cotidianas, no transporte, no trabalho, na rua e que as expõem a formas insidiosas e insuportáveis de assédio — esse é um tema sobre o qual falaram muito as mulheres questionadas no âmbito da Grande Marcha,[3] uma consulta organizada no verão de 2016 pelos voluntários do *En Marche!*.

O segundo fator de discriminação é o da origem. Por muito tempo acreditamos que o antirracismo seria suficiente para lutar contra as injustiças que oprimem todos os que não nasceram com a cor da pele certa, a religião certa e no lugar certo. Essa mobilização foi muito forte nos anos 1980. Ela constituiu uma tomada de consciência importante e bem-vinda para a sociedade francesa, que tendia a pensar as injustiças unicamente em termos de classes sociais. Essa mobilização, no entanto, também tinha seus limites, revelando-se com frequência excessivamente moralizadora, e foi insuficiente para sustar o aumento de irritação das comunidades. Sobretudo, não melhorou nem um pouco o cotidiano das minorias, étnicas ou religiosas, que muitas vezes destoavam do restante da população. Denunciar as injustiças não basta: é preciso agir.

O racismo aberto é insuportável — mas a discriminação é ainda mais perigosa e, talvez, ainda mais destruidora. Podemos nos revoltar contra a injúria e o sarcasmo. Mas o que fazer diante da carta de um candidato a emprego que nunca é respondida ou diante das promoções que ocorrem para todos, exceto para um? A pessoa se sente desarmada, impotente. Sozinhos, não conseguimos nada. Estudos recentes demonstraram que um candidato visto como muçulmano recebia quatro vezes menos respostas do

---

[3] Campanha realizada de porta em porta durante a candidatura de Emmanuel Macron, com o objetivo de ouvir os eleitores, suas queixas e sugestões. [*N. da E.*]

que um candidato visto como católico. Os poderes públicos devem reforçar e sistematizar o controle. Os empregadores que adotam práticas inaceitáveis devem saber que serão identificados e punidos. A República deve mostrar o quanto essa luta é importante. Estou convencido de que não chegaremos a lugar nenhum enquanto todos não se sentirem diretamente comprometidos, inclusive, e sobretudo, aqueles que nunca sofreram nenhuma discriminação.

A discriminação contra as mulheres, contra as minorias étnicas e religiosas e contra as pessoas deficientes não poderia ocultar a multiplicidade das formas de discriminação. A lei recenseou mais de vinte delas. Diante de cada forma de preconceito, devemos contribuir para melhorar o nosso arsenal legislativo e fazer a lei ser aplicada. A legislação tem seus efeitos nesse assunto. Por exemplo: ela permitiu aumentar a participação das mulheres nos conselhos administrativos e de supervisão do CAC 40. Entre 2009 e 2015, o número de mulheres foi multiplicado por três.

No entanto, no que se refere à discriminação, a legislação não é suficiente. É preciso desenvolver políticas voluntaristas que permitam afastar essas discriminações. Quero sistematizar políticas de *testing*, o método bastante eficiente que consiste em enviar centenas de currículos idênticos — em sexo, origem e religião — para verificar se alguns recebem menos respostas do que outros de forma injustificada.

Fazer mais por aqueles que têm menos e, ao fazer isso, proteger os mais fracos também é prevenir as doenças. Pois aí também ocorrem profundas injustiças.

Os franceses costumam se vangloriar de ter o melhor sistema de saúde do mundo. A realidade, entretanto, tem mais nuances. Embora contemos com os melhores pesquisadores, hospitais e profissionais da saúde do mundo, a saúde na França não tem um desempenho tão bom quanto pensamos e, principalmente, se revela profundamente desigual.

Em geral, ignoramos que o nosso país registra resultados medíocres em todas as patologias que requerem prevenção — câncer, cirrose etc. — e que as primeiras vítimas dessas doenças vêm de meios desfavorecidos. Dois exemplos entre milhões deles: os filhos de agricultores têm 50% mais cáries do que os filhos dos executivos, e a obesidade é três vezes maior entre filhos de operários do que entre filhos de executivos.

Diante disso, não acho que a solução seja escolher entre o hospital e o que chamamos de atendimento em consultório particular. Ao contrário, em todos os lugares que for possível, devemos favorecer a complementaridade e a parceria dos dois. Também não acho que a saúde seja unicamente um caso de bilhões ou de déficit da seguridade social. O debate não está em saber se é preciso aumentar em dois ou três euros o preço da consulta — ou não.

Mais uma vez, estamos nos desviando dos verdadeiros problemas.

O tema fundamental não é esse. Precisamos saber como devemos nos organizar para que a prevenção passe a ser o principal eixo da nossa política de saúde. Determinar as vias e os meios para envelhecer com dignidade e permanecer independente o maior tempo possível. Evitar que 73 mil franceses morram todos os anos por causa do cigarro e que outros cinquenta mil percam a vida por causa do álcool.

Nesse aspecto nós também precisamos de uma revolução, e ela tem que passar pela valorização prioritária da ação de prevenção. Isso quer dizer que precisamos entregar a outros, que não os médicos, as tarefas administrativas e inventar novas profissões para que eles possam delegar essas missões. Isso também significa que o modelo econômico da França precisa evoluir. O pagamento à vista não pode ser o único modo de remuneração dos médicos generalistas. Novas possibilidades de contratação devem ser abertas e até mesmo um preço preestabelecido para o público mais afetado, como as crianças pequenas e os muito velhos, deixando o médico livre para se associar ou não.

Em seguida, eu manteria um alto nível de solidariedade para as despesas com a saúde. Devemos avançar de maneira inteligente em vez de fazer pequenos ajustes anuais para nos mantermos em dia! Não devemos pensar a reforma a cada ano, como somos incitados pela maneira como é financiado nosso sistema de saúde atualmente, e sim por vários anos. Esse é o único meio de implementar reformas profundas e transformar o nosso sistema no longo prazo!

Somente com essa condição poderemos empreender a reestruturação do hospital público. Faz muitos anos que esse setor atravessa uma crise de recursos, de produtividade e de direção, à qual não podemos continuar indiferentes.

Devemos descompartimentar as práticas e as organizações. A transformação do nosso sistema de saúde não pode ser administrada apenas pelo Estado central. Mais uma vez, estou convencido de que é preciso dar autonomia aos atores locais da saúde, sobretudo aos atores regionais. São eles que conhecem melhor as necessidades da região, as singularidades de uma população. Foi exatamente o que vi em Chamonix, onde uma casa de saúde foi criada para permitir que os médicos trabalhassem melhor juntos, a fim de investir na infraestrutura e na inovação, como a telemedicina. E no hospital de Sallanches, onde uma parceria com médicos particulares foi estabelecida para manter um hospital que ficou pequeno demais e facilitar a saída rápida dos doentes, reduzindo os custos e melhorando o tratamento deles. A mudança não deve ser ditada de cima. Ela precisa ser proposta de baixo.

Por fim, os franceses não são iguais diante do desemprego e da previdência.

Nosso regime de previdência e de seguro-desemprego é emblemático de um sistema que foi construído por um mundo em que um assalariado — um homem — passava a vida toda na mesma empresa. Ele contribuía para a previdência e para a saúde, não temia muito o desemprego e se preocupava pouco com mudanças, sem conhecer o medo da insegurança e da concorrência externa.

Evidentemente, o sistema passou por inúmeras reorganizações ao longo das últimas décadas: depois de 2003 o país vivenciou quatro reformas na previdência. No entanto, o sistema continua a beneficiar, antes de tudo, os assalariados das grandes empresas em boa situação, empregados com um contrato estável, que fazem uma carreira linear desde contratação até a aposentadoria. Mas eles são cada vez menos numerosos.

Não podemos nos limitar a pequenos trabalhos ou a uma enésima discussão sobre este ou aquele parâmetro para perceber que esse sistema, organizado de maneira estatutária e financiado essencialmente pelo trabalho, não permite responder a uma sociedade que sofre com o desemprego em massa há mais de três décadas. O debate mais intenso não acontece tanto entre aqueles que querem passar a aposentadoria para 65 ou mantê-la aos 62 anos, ter tantos ou tantos trimestres, mesmo que essas questões não devam ser evitadas diante da evolução demográfica, da consideração de equidade entre as gerações e da saúde financeira do nosso sistema de previdência. O desafio não é procurar proteger a fronteira entre o assalariado e o trabalhador autônomo para definir quem pode contribuir ou não para o seguro-desemprego. As verdadeiras perguntas que devemos nos fazer são ainda mais fundamentais. Como podemos ser eficazes para não deixar ninguém na miséria? Como ter certeza de que todos encontrarão seu lugar em uma sociedade profundamente diferente da sociedade do passado?

Considerando que o mundo do trabalho se fragmentou significativamente em uma variedade de situações, empregos, contratos, considerando que as trajetórias profissionais são menos lineares, nosso sistema social não consegue mais corrigir as desigualdades e até mesmo as alimenta.

Que visibilidade oferecemos sobre os direitos à aposentadoria daquele que trabalhou, por exemplo, inicialmente no serviço público, depois no privado, depois como autônomo, navegando ao sabor de diferentes ganhos e diferentes regimes? Como explicar a um agricultor que trabalhou a vida inteira que ele receberá uma minguada aposentadoria da mútua social agrícola[4] e que a esposa que o ajudou todos os dias não receberá nada? Todos conhecem o pesadelo do "cálculo dos direitos" para as carreiras interrompidas — e as injustiças que tornam esses direitos sensivelmente diferentes para profissões iguais, conforme o status usufruído. Que perspectiva de mobilidade social oferecemos àquele que trabalha por contrato temporário e que não se beneficia das oportunidades oferecidas pelas grandes empresas?

O princípio da reestruturação é claro: a proteção social deve ser reconstruída em torno do indivíduo e para o indivíduo, e em

---

[4] A Mutualité Sociale Agricole (MSA) é a previdência social dos trabalhadores agrícolas. [*N. da E.*]

uma perspectiva de generalização, de transparência e de igualdade. Não deve ser mais o trabalhador em função do seu status, da sua categoria, que deve ser protegido, mas todos nós, qualquer que seja nossa situação em dado momento, e de maneira igual, como praticamente já ocorre no caso do auxílio-doença.

Eu já falei sobre a necessidade de encorajar e proteger as transições profissionais. Quero insistir no assunto da nova arquitetura de nossa proteção social que decorre disso.

Para encorajar as transições, o sistema de previdência deve ser mais simples e mais legível. Não é normal ser tão difícil conhecer os nossos direitos, nem o fato de eles serem tão diferentes à medida que muda o status. Os diferentes regimes devem ser aproximados em alguns anos para se construir progressivamente um regime universal de aposentadoria. A aposentadoria não deve, enfim, depender do status do trabalhador, assalariado, autônomo ou funcionário público, e sim da realidade do seu trabalho. É sobre essa base que a questão da duração das contribuições deve ser tratada, e não de maneira uniforme. Isso ficaria mais claro para todo mundo e, ao mesmo tempo, mais justo.

Hoje em dia, também não faz sentido que, diante de um risco tão amplamente difundido como o desemprego, nosso sistema repouse sobre um mecanismo de seguro tão estreito — pois só os assalariados são segurados atualmente. Já falei sobre isso: são indispensáveis a generalização e a transformação profunda do sistema. Necessitamos, então, de um sistema de solidariedade para o qual todos possam contribuir e do qual todos possam se beneficiar. Esse sistema cobriria não somente os assalariados, licenciados ou demissionários, mas também os autônomos. A consequência é que o financiamento deverá depender do imposto, e não mais das contribuições sociais. Assim, as pensões não dependerão mais de uma lógica de seguro, e sim de solidariedade. A partir daí, o teto das indenizações, atualmente perto de sete mil euros, ou seja, mais de três vezes superior à média da União Europeia, será revisto para baixo. A consequência em termos de governabilidade também será imediata.

Uma vez que não será mais esta ou aquela categoria de trabalhadores que ficará coberta, pois a proteção será cada vez menos financiada por contribuições e cada vez mais pelo imposto, o Estado deverá assumir as decisões estratégicas que, até então, havia delegado aos parceiros sociais. Até o momento, de fato, cabe às organizações que representam os assalariados e os empregadores fazer acordos sobre todas as condições de indenização do desemprego: o montante, a duração, as contrapartidas etc. Mas é o Estado que garante a dívida do seguro-desemprego, sem, no entanto, ter opinado sobre a maneira como tudo é organizado. É por isso que eu entendo que os poderes públicos deveriam tomar parte nas decisões relativas ao seguro-desemprego. O poder público não pode continuar a ser o responsável omisso de um sistema sem rumo, tendo como única opção travar o sistema. O poder público não pode mais ser simplesmente um comentarista de compromissos... que nunca acontecem!

Em suma, o Estado deve dar mais espaço aos parceiros sociais quanto à negociação social, à regulação dentro da empresa e ao acompanhamento das pessoas em idade ativa e menos espaço no que se refere à gestão do sistema. Será uma luta dura, pois vai incomodar aqueles que fazem isso. Mas vai, por outro lado, liberar todos os que hoje estão embargados. Portanto, não se deve hesitar. Essa será uma das nossas tarefas mais importantes.

Não se trata de ser dogmático. Não há razão para acabar, por princípio, com a participação dos parceiros sociais no governo, e sim para modificar a proporção atual. Quanto à doença, por exemplo, a governança está equilibrada e é satisfatória.

Ao longo dos próximos anos e das décadas que virão, o desafio da dependência vai se ampliar cada vez mais. Primeiro porque, em geral, a população francesa continua a envelhecer: em 2050, um francês em cada três terá 60 anos, contra um em cada cinco que terá apenas 10 anos. Depois porque os primeiros grupos da geração de *baby-boomers* terão 80 anos em 2025. O aumento da expectativa de vida é uma notícia magnífica, mas para que seja realmente um progresso "não basta acrescentar anos à vida; é preciso acrescentar vida aos anos". Isso quer dizer que é preciso permitir que os idosos vivam plenamente, que continuem a se relacionar com as outras pessoas, a se engajar quando quiserem, a circular quando desejarem, a ser autônomas enquanto puderem, a ver reforçada sua utilidade no seio da sociedade. O desafio, portanto, é permitir que nossos idosos vivam o maior tempo possível com boa saúde e tendo sua autonomia preservada.

Não basta concordarmos a respeito do objetivo: será preciso rever o nosso sistema de solidariedade para enfrentar uma situação que, provavelmente, nos levará a um nível de despesas superior ao das aposentadorias por volta de 2050. Essa é uma questão que diz respeito a toda a sociedade, às pessoas idosas, evidentemente, mas também, às milhões de famílias e aos milhões de cuidadores que se responsabilizam pelo cotidiano de nossos idosos. O desafio é responder a uma nova situação à parte da aposentadoria e da doença que afeta e afetará separadamente a todos, sem exceção.

CAPÍTULO XI
RECONCILIAR AS FRANÇAS

O sonho francês sempre foi a unificação. De Paris, o Estado procurou por muito tempo uniformizar, prestar os mesmos serviços e proporcionar a mesma infraestrutura a todo o território da França. Porém, já faz muitos anos que o país tem se fragmentado diante dos nossos olhos.

A França, como o restante do mundo, enfrenta o fenômeno da "metropolização". As grandes cidades são as reais ganhadoras da abertura da nossa sociedade: elas concentram os empregos de alto valor agregado. Cinquenta por cento do PIB mundial é produzido em apenas trezentas cidades do mundo; 50% do PIB francês é produzido em quinze metrópoles da França, e na primeira fila estão Île de France e Paris. A França periférica, ao contrário, reúne 80% da população mais pobre: aquela que sofre diretamente com o fechamento das fábricas, a eliminação dos serviços públicos, o difícil acesso ao mercado de empregos e às atividades culturais.

Não estou afirmando que devemos lutar contra o desenvolvimento das metrópoles. Pelo contrário: elas são positivas para a França. São uma fonte de desenvolvimento, de atividade, de emprego e de influência.

Devemos, então, desde já, renunciar ao sonho de uma França uniforme, na qual um modelo único seja aplicado em todo o território? Penso que sim. Vamos olhar a realidade de frente: se vivemos em Lyon ou em Cherbourg, em Seine-Saint-Denis ou no Cher, a realidade não é a mesma. As necessidades em infraestrutura e em serviços são diferentes. Já passou o tempo em que Paris podia prometer a mesma coisa para todos os departamentos da França. Agora, cada metrópole deve agir de modo a incluir outros territórios e, assim, recriar a coerência.

Ao mesmo tempo, devemos considerar que cada metrópole tem uma grande responsabilidade diante do território no qual está inserida. Hoje em dia, graças ao dinamismo de nossas metrópoles, nenhum território da França está condenado.

Com 40% da população, as metrópoles concentram setenta por cento da criação de empregos no setor privado. Uma parte importante do desenvolvimento da França, na minha opinião, será a parceria que essas metrópoles deverão formar com as novas grandes regiões.

Essenciais para o nosso futuro, essas metrópoles também têm seu lado sombrio. Ao atrair as populações que, às vezes, saem de muito longe para fugir da miséria, elas tendem a se fragmentar, tendo de um lado as comunas e os bairros ricos, repletos de vitalidade, e, do outro, comunas e bairros que se pauperizam e se transformam em guetos um pouco mais a cada dia. Atualmente, nas grandes metrópoles estamos frequentemente em um lado a lado que, amanhã, se não fizermos nada, como sabemos, pode se transformar em um cara a cara.

Por isso, acredito que a primeira das medidas sociais seja a recomposição de nossas cidades para reintroduzir uma mescla. Sabemos bem que tudo se encadeia. Se, quando crianças, moramos em um bairro onde 80% dos habitantes não falam francês em casa, em bairros que progressivamente se fecham em si mesmos, e nos vemos, na escola pública, entre crianças da mesma origem que sofrem do mesmo atraso, não temos a mesma chance de construir a vida.

Sim, hoje em dia, nas grandes cidades a fratura social é, inicialmente, uma fratura entre bairros. E é contra essa ruptura que devemos lutar. Com políticas de renovação urbana e de construção de moradias que devem ter um só objetivo: fazer com que a cidade volte a ser um lugar de encontro.

Isso supõe fazer política na escala certa. Em uma escala necessariamente mais ampla, portanto, entre comunas. Isso é válido para todas as metrópoles, e é mais verdade ainda na Île de France, onde a reforma da Grande Paris, na minha opinião, não é suficiente para responder aos problemas urgentes que aparecem na primeira região da França.

Uma recomposição assim supõe disponibilizar recursos vultuosos. Acontece que o orçamento da Agência Nacional de Renovação Urbana foi dividido em mais de dois nos últimos anos. Esse investimento precisa ser complementado por parcerias público-privadas, conduzidas por autoridades públicas locais. Em matéria de construção de moradias, de reorganização dos espaços públicos, de construção de redes, a capacidade financeira e a competência de nossas empresas são fundamentais para vencer esse desafio.

Ora, se quisermos recriar a convivência nas metrópoles e responder aos novos desafios, devemos construir moradias. Nossa política de moradias é obsoleta; ela foi concebida para as famílias do passado, e não para os franceses de hoje. Foi pensada no âmbito de uma sociedade estacionária, com equilíbrios territoriais e familiares tradicionais. A questão é que os franceses já não vivem da mesma forma. Eles precisam se mudar muito mais vezes do que antes, nem que seja porque trocam de emprego com mais frequência. Assim, a necessidade de moradia explode. Quando um casal se divorcia e decide pela guarda compartilhada dos filhos, é preciso construir não uma residência com dois quartos, mas duas residências com dois quartos.

Nos últimos anos, a porcentagem de gasto dos casais para ter uma casa cresceu consideravelmente: o preço das moradias antigas aumentou 150% em vinte anos, e a renda disponível subiu apenas 50%. O problema de preço oculta, principalmente, um problema de quantidade: a oferta é insuficiente para satisfazer a demanda, sobretudo nas "zonas com déficit de moradia", como dizemos tecnicamente, isto é, sobretudo na Île de France, em Côte d'Azur e em algumas outras grandes metrópoles, onde se concentra a grande maioria das situações de precariedade nesse campo.

Quero construir bem mais maciçamente e mais depressa nessas "zonas com déficit de moradia". Para tanto, precisamos, primeiro, de coerência. Não podemos continuar a complicar o direito do urbanismo, a multiplicar as regras técnicas e a alongar a duração dos processos. É preciso parar de procrastinar. Ou a prioridade absoluta é construir mais moradias, ou a nossa vontade é aumentar sempre a regulamentação. Fazer os dois ao mesmo tempo é fracassar nos dois planos. Da minha parte, quero trabalhar para construir onde os franceses esperam.

Em seguida, precisamos de uma determinação sem falhas. Não podemos aceitar que, para preservar os equilíbrios políticos locais ou manter os preços dos imóveis elevados, os eleitos locais não executem sua missão. A divisão da construção na Île de France mostra que, em cada departamento, são quatro ou cinco comunas que concentram a maioria das novas obras. Acontece que essas comunas têm as mesmas características, no total, que aquelas onde não se constrói, o que significa que o problema é político. O Estado deve, nessas poucas metrópoles onde se concentra o problema, implantar procedimentos de exceção para liberar os créditos imobiliários, acelerar os processos e permitir sem demora que se construa, todos os anos, as dezenas de milhões de moradias suplementares necessárias.

Esse esforço visando à construção é a única maneira eficaz de responder à demanda por moradias nas metrópoles e fazer os preços baixarem. Isso vai permitir reduzir as ajudas públicas maciças concedidas nos últimos anos. Ao tentar ajudar os casais sem resolver o problema da construção, alimentamos o aumento dos preços.

Em torno dessa França das metrópoles e das grandes aglomerações, existe uma França constantemente classificada como "periférica". O modo de deslocamento é o carro individual, o que causa um problema ecológico e complica a vida dos moradores na medida em que os trajetos domicílio-trabalho se tornam mais longos e enfrentam um tráfego cada vez mais intenso.

Essa França periférica sente falta de equipamentos públicos básicos, de meios de transporte, creches, atrações culturais. A qualidade de vida nesses lugares é medíocre. Conhecemos os problemas causados por certas zonas de moradias atualmente muito degradadas, ou essas zonas nas quais as casas são entremeadas de entrepostos e pequenas empresas. É essa França que duvida de nossa sociedade, rejeita o sistema e adere, aos poucos, às ideias mais extremistas. Essa França precisa de um investimento público e privado de renovação mais amplo entre as comunas. Para reconstruir uma estrutura que possa, nos limites da grande metrópole, mesclar cidade e natureza de maneira harmoniosa.

Paralelamente, devemos consolidar a dinâmica de centenas de cidades médias que constituem a estrutura do nosso país. Em especial o centro da cidade dessas comunas. Sabemos que, sem pensar em um urbanismo comercial em boa escala, permitimos que fossem construídos centros comerciais bem importantes em sua periferia. Em consequência, o coração dessas cidades tende a se esvaziar do comércio, e progressivamente a estrutura se degrada, arrastando, em cadeia, grandes dificuldades. Esses corações das cidades deveriam, ao contrário, ser o primeiro lugar de desenvolvimento econômico com as PME, que alimentam todos os territórios da comuna de empregos. O "centro da cidade", portanto, deve ser consolidado.

Como as metrópoles, algumas dessas cidades médias são confrontadas com problemas relacionados aos bairros em dificuldade. Lá também é preciso reconstruir uma verdadeira convivência.

Eu citei a França que ganha grandes metrópoles, mas nem todas as grandes aglomerações e grandes áreas urbanas têm a mesma dinâmica.

Algumas regiões marcadas por uma forte tradição industrial estão decaindo há muitos anos, porque as indústrias responsáveis pelo dinamismo da região foram se tornando progressivamente obsoletas.

Sabemos que no auge da crise certas zonas de emprego do nordeste da França perderam, em apenas dois anos, até 10% de seus empregos. Infelizmente, esse declínio continua e traz consequências dramáticas: com uma taxa de desemprego cada vez mais alta e jovens que, por acharem que não há mais futuro em sua cidade, deixam a região, contribuindo ainda mais para enfraquecê-la. A situação é mais dramática para os assalariados que, tendo comprado uma casa e se endividado enormemente, não têm como ir embora, por conta da queda no preço dos imóveis.

Nessas regiões, os habitantes sentem uma completa estagnação. Como se surpreender com o fato de eles terem perdido a esperança de vez?

Para revitalizar esses territórios, o Estado precisa empreender esforços, não tentando perpetuar a todo custo as indústrias já obsoletas, mas encorajando uma nova lógica de crescimento que esteja mais de acordo com a economia atual. É partindo do conhecimento e do saber que se deve agir. Em especial as cidades universitárias, que devem ser consolidadas e desempenhar um papel decisivo na formação, irrigando toda a região. A criação de novas empresas deve ser facilitada, e, pela inovação, pela pesquisa de qualidade, pela introdução de novos processos, certo número de ramificações industriais tradicionais deve ser redinamizado. Nenhuma delas será realmente condenada se soubermos projetá-las de acordo com os novos tempos.

Temos o exemplo magnificamente fornecido por Besançon. Quando a Lip fechou, no início dos anos 1970, foi por causa da falta de investimento e de antecipação da indústria relojoeira que cobria a região, foi varrida pela chegada da tecnologia a quartzo. Atualmente existem mais empregos industriais em Besançon do que naquela época. Como isso pôde acontecer? A cidade, o departamento, o Estado e as empresas investiram na competência dos assalariados e na inovação. As competências relojoeiras, esse trabalho de precisão, permitiram criar e desenvolver centenas de pequenas e médias empresas naquela área. A inovação se desenvolveu em torno de laboratórios públicos e atores privados para fazer dessa cidade a capital das microtécnicas de precisão.

É assim que precisamos conceber o desenvolvimento econômico, e isso explica por que, em matéria de política industrial, nunca procurei defender as empresas ultrapassadas, e sim criar novas empresas ou introduzir o fundamento tecnológico de renovação nas antigas. Não são os empregos que precisamos proteger: são os assalariados. Portanto, é preciso permitir que as empresas mudem. E convém que os assalariados possam se beneficiar de uma formação profissional contínua. Somente assim eles terão melhores condições de lidar com a grande transformação que está em curso.

Por fim, eu gostaria de lembrar uma última França, que se sente afastada do desenvolvimento das cidades: a França rural. Ou, melhor, o ruralismo. Esse sentimento de abandono é uma fatalidade? Creio que não.

Existe em primeiro lugar o ruralismo escolhido. Os franceses moram cada vez mais nas cidades, mas também são amantes da natureza. Para eles, essas zonas têm um forte poder de atração. Eles vão passar as férias e os fins de semana lá. Eles movimentam as fazendas, os imóveis do povoado, até então desertos.

Depois, acredito na possibilidade de desenvolver uma economia produtiva no campo. Essa economia pode ser inicialmente "residencial", fundamentada na renovação da maneira de construir, no turismo e na valorização dos produtos locais. Assim, a economia poderá se projetar bem além, em favor do desenvolvimento das novas tecnologias que possibilitam abolir as distâncias. Os serviços como os call centers, ou aqueles ligados ao universo digital, devem se desenvolver. A indústria também pode ser implantada, com inovação, como pude ver em Andros,[1] no Lot, em Biars-sur-Cère.

Essas terras abandonadas devem ser lugar de experiências. É preciso compreender que as regras produzidas de maneira uniforme pelo Estado e guiadas pelo espírito de precaução são o inimigo

---

[1] Grupo implantado no Lot (departamento no sudoeste da França, na região da Occitânia), em Biars-sur-Cère (comuna Francesa no departamento do Lot) que produz geleias — a famosa Bonne Maman — e sobremesas. Criado em 1960, atualmente emprega cinco mil assalariados. [*N. da T.*]

de um ruralismo que não luta com as mesmas armas. Essas terras precisam ser capazes de assumir riscos, tentar, experimentar.

Para os muitos departamentos rurais que todo ano perdem habitantes, desejo também uma abordagem diferenciada. Eles já esperaram demais. É nesse lugar que as pessoas idosas e os agricultores perdem as esperanças e se sentem abandonados. E porque esses territórios estão no centro da identidade de nosso país é que seu atraso nos desespera. Em relação à infraestrutura de transporte, todos os territórios, de Guéret a Mende, passando por Foix, Gap e Aurillac, devem dispor de pelo menos um meio de comunicação rápido, que os conecte de maneira eficaz às cidades e aos lugares de atividades indispensáveis para seu desenvolvimento. Essa infraestrutura precisa ser construída nos próximos cinco anos. Quanto ao telefone celular e à fibra ótica, o Estado precisa retomar as rédeas se as operadoras não respeitarem os contratos. Da mesma forma, a organização concreta das casas de saúde em torno dos centros hospitalares existentes, ou reagrupando os profissionais instalados, precisa ser acelerada. Em relação à energia, será preciso decidir um procedimento de exceção para acelerar a criação de gás natural e energia eólica.

Quanto aos serviços públicos, será preciso zelar para manter nossas escolas por toda parte e ir ainda mais longe na implantação de casas, de serviços, como o que foi realizado pelos correios nos últimos anos. Finalmente, é preciso ajudar os agricultores a produzir e a transformar esses espaços. Isso passa por um conjunto de ações, pelo imposto agrícola, pela transmissão patrimonial e pela proteção contra os contratempos climáticos. Nesses territórios, mais do que em outros lugares, a luta que devemos travar para os camponeses, e que mencionei há pouco, é vital. Falo aqui dos "camponeses" e não simplesmente dos agricultores. São essas mulheres e esses homens que fazem as paisagens, o país, que mantêm o solo francês. Quando o desespero invade esses terrenos, há alguma coisa da moral coletiva que desaba. Devemos, pela reorganização dos setores, proporcionar a eles uma estabilidade do preço justo, permitindo-lhes viver e, ao mesmo tempo, investir.

A adaptação das políticas públicas às realidades locais é, também, necessária para os territórios de metrópole, e deve ser aplicada também nos territórios ultramarinos. Conhecemos a diversidade destes: diversidade histórica e geográfica, é claro, diversidade institucional também dos departamentos-regiões, como Martinica, Guadalupe, Guiana, ilhas Reunião e Maiote, até o status particular da Nova Caledônia, passando pelas coletividades de São Pedro e Miquelon, São Bartolomeu, São Martinho, Wallis e Futuna e Polinésia Francesa. Conhecemos também as características que lhes são comuns: taxa de desemprego superior à média nacional, sobretudo entre os jovens, custo de vida alto, ainda que os salários sejam mais baixos e, por isso, maiores índices de pobreza, nível de vida mais baixo, infraestrutura deficiente, apesar dos investimentos feitos depois da guerra.

A igualdade não pode significar identidade de regulamentação quando se está a oito ou dez mil quilômetros do Hexágono,[2] quando se está nas ilhas com comércio reduzido e

---

[2] Os franceses costumam chamar a França continental de Hexágono, por causa da sua forma no mapa. [*N. da T.*]

oprimido, quando se está cercado de países pobres, quando se tem salários muito baixos e se está longe da zona do euro e de suas regras. Quero que esses territórios tenham regras que lhes permitam inovar com um verdadeiro status de empresa ultramarina, entre outras coisas, um regime social e fiscal que corrija suas limitações e uma política dinâmica que incite o investimento privado em campos inovadores como a biodiversidade e as tecnologias do mar. Esses territórios não querem esmola do Hexágono. Querem equidade para ter sucesso na República, no lugar onde estão.

Uma vez que a França é una e indivisível e, ao mesmo tempo, fantasticamente diversa, devemos passar de uma lógica de uniformidade e homogeneidade para uma lógica diferenciada e voluntarista. Essa é a chave para manter o país unido.

A mesma visão sobre a diversidade dos territórios me leva a uma nova organização administrativa e política da França. É preciso que o Estado descentralize, desconcentre, estabeleça novas parcerias com os territórios e desenvolva políticas que sejam adaptadas a eles. Nas grandes regiões que se formaram, seria natural articular um par região-metrópoles. Concretamente, acredito que, nos territórios, as metrópoles poderiam, na maioria das vezes, absorver os departamentos.

A cidade não pode levar o desenvolvimento aos territórios rurais. Tendo em conta o tamanho pequeno das cidades, as competências poderiam ser transferidas aos departamentos. Aliás, as menores talvez pudessem ser agrupadas.

De maneira geral, é indispensável criar uma solidariedade entre os territórios.

Sobre esse assunto, as antigas brigas teológicas precisam ser superadas. Não se trata de ser a favor ou contra os departamentos. Onde existem grandes zonas urbanas e, portanto, metrópoles poderosas, não acho que os departamentos tenham utilidade. Segundo esse ponto de vista, o caso da Île de France é um exemplo. Nas zonas de dominação rural, os departamentos, ao contrário, devem ser verdadeiras locomotivas do desenvolvimento territorial.

Acredito, sobretudo, que a organização territorial deva ser concebida a partir de propostas da área. Vamos pensar nas recentes iniciativas que visam fundir os dois departamentos da antiga região da Alsácia, ou criar uma Assembleia da Bretanha para obter uma coletividade única nesse território. Usemos também o exemplo do departamento do Ródano e da metrópole de Lyon. Nossos territórios têm ideias que permitem articular melhor as competências e reduzir custos. Precisamos aprender a ouvi-los e a entendê-los.

Sei que estou quebrando alguns tabus. Mas é assim que reduziremos os gastos públicos. Não com a política de corte uniforme, mas com uma política próspera para todos os nossos territórios.

Nesse campo, como em muitos outros, sou a favor da França e dos atores locais.

CAPÍTULO XII

QUERER A FRANÇA

No momento em que a França precisa conviver com o risco, com a violência do terrorismo e as incertezas do mundo contemporâneo, são muitas as tentações de se contentar em afirmar a autoridade, fazer valer a força e evocar nossos princípios. Alguns gostariam que acreditássemos que a autoridade se declara por si mesma e que isso bastaria para manter o país. As proibições e a manutenção da ordem fariam o resto, sem mais nenhuma perspectiva. Outros dizem que a França é uma identidade petrificada, fechada, voltada para uma idade de ouro fantasiosa.

Não é nada disso. Para encarar os desafios, o país necessita se manter unido, reconciliado, por uma vontade. Uma vontade que impulsiona, desenha fronteiras que, ao mesmo tempo, reúnem e conferem sentido a algo que nos excede. Sim, a França é uma vontade.

A França não se recria todos os dias partindo do nada. Essa vontade se apoia no legado de nossa história, que estrutura a resposta aos novos desafios.

Querer a França é, na minha opinião, lutar contra tudo o que causa rachaduras em nosso país, que o enclausura, que nos faz correr o risco de uma guerra civil. É querer a liberdade de consciência, uma cultura comum, uma nação exigente e condescendente.

No momento em que queremos nos projetar nesse mundo novo, ressurgem ameaças que achávamos já estarem superadas. Trata-se, ao mesmo tempo, da volta das agressões exteriores com os ataques terroristas e do fantasma dos conflitos de identidade.

Não devemos ceder ao pânico. A esse respeito, a dignidade das famílias das vítimas dos sucessivos atentados foi, a meu ver, uma lição constante.

Nós temos um inimigo: o Estado Islâmico. Devemos combatê-lo de modo implacável dentro de nossas fronteiras e no exterior. Mas isso não justifica em nada confundir todas as questões e nos dividirmos em disputas menos importantes.

O fato de que inúmeros jovens e outros não tão jovens, nascidos no território francês, possam se entregar a um projeto de morte totalitária procede de uma lógica complexa da qual, sem dúvida, não conhecemos todos os determinantes. Gilles Kepel,[1] Olivier Roy[2] e alguns outros, com base em suas análises e em seus trabalhos de campo, esclareceram essa situação: projeto ideológico, religioso e político do Estado Islâmico, manipulação do imaginário, fragilidades pessoais, neuroses, às vezes utilização do ressentimento ou da raiva contra a República. Os moti-

---

[1] Sociólogo e especialista em Islã e no mundo árabe contemporâneo. [N. da T.]
[2] Cientista político e especialista em Islã. [N. da T.]

vos são muitos e clamam por respostas que vão além da indispensável abordagem de segurança. Esse é o desafio da França como civilização, lançado por aqueles que, em nosso território, fizeram essa escolha ou são tentados por esses desvios.

Mais amplamente, a desintegração social que vivemos alimenta o ardor identitário que, em troca, paralisa a capacidade de agirmos juntos.

É por não ser capaz, há trinta anos, de resolver o problema do desemprego em massa que o país deixou que verdadeiros guetos se formassem nas cidades, e é incapaz de dar esperança a milhões de jovens — cujos próprios pais muitas vezes estão há anos sem emprego —, deixando prosperar a dúvida e até mesmo a raiva da República. Foi nesse aspecto que falei várias vezes de traição das elites políticas e econômicas. Porque não tivemos a vontade e a coragem de encarar os problemas, deixamos os franceses sofrerem as consequências de nossa própria impotência.

Porém, contra todos aqueles que conhecem nossas angústias coletivas, é preciso começar relembrando alguns princípios.

Na França todos são livres e devem permanecer livres para crer ou não crer. Todos são livres para praticar ou não uma religião, com o nível de intensidade que desejar em seu íntimo. A laicidade é uma liberdade, não uma proibição. Ela é feita para permitir a cada um se integrar à vida em comunidade, e não para travar uma batalha contra essa ou aquela religião em particular, menos ainda para excluir ou condenar. Ela é uma base, e não uma capa de chumbo. Como podemos pedir aos franceses que acreditem na República se alguns se servem de um dos nossos princípios fundadores, a laicidade, para dizer que na França eles não têm um lugar?

Se a liberdade de consciência é total, a intransigência quanto ao respeito das leis da República é absoluta. Na França existem coisas inegociáveis. Não se negociam os princípios básicos de civilidade. Não se negocia a igualdade entre homens e mulheres. Não se negocia a recusa irrevogável do antissemitismo, do racismo, da estigmatização das origens.

É preciso ser honesto. Se o fundamentalismo está em prática nas religiões, o cerne do debate que atualmente ocupa nossa sociedade diz respeito ao Islã. Devemos lidar com esse assunto com rigor, juntos, de maneira desapaixonada.

Nós temos uma escolha, e ela nos foi colocada várias vezes ao longo da história. Queremos combater uma religião, excluí-la, ou desejamos, em vez disso, construir seu lugar na nação francesa ajudando-a a se integrar plenamente? Muitas vezes erramos — e nossa pátria se lembra dolorosamente das guerras religiosas que assolaram suas cidades e seus campos e, por pouco, não a destruíram definitivamente.

Por outro lado, soubemos dar a outras religiões seu lugar no país. O judaísmo se construiu na França no respeito e no amor da República. Belo exemplo do que nossa história e nossas escolhas políticas souberam fazer.

Não devemos cair na armadilha do Estado Islâmico nos lançando no abismo de uma guerra civil.

Isso os bispos da França compreenderam melhor do que muitos dirigentes políticos; a dignidade da reação deles após o atentado de Saint-Étienne-du-Rouvray[3] foi um exemplo perfeito.

---

[3] Ataque terrorista reivindicado pelo Estado Islâmico, cometido em 26 de julho de 2016, contra a igreja católica dessa cidade, localizada na região da Normandia, quando dois islamitas radicais esfaquearam o padre Jacques Hammel e feriram gravemente um paroquiano de 86 anos. [*N. da T.*]

Várias propostas foram feitas com o objetivo de rever a organização do Islã na França, a fim de permitir aos mulçumanos serem mais bem representados e se engajarem mais na vida da cidade. E, também, para garantir que sejam capazes de financiar mais facilmente, e de maneira independente, os lugares de culto, apoiando pregadores que respeitem as regras da República. Acho que essas propostas estão no caminho certo, e vou me empenhar nessa direção.

Se realmente quisermos organizar o Islã na França, temos que deixar os muçulmanos instalados em nosso país assumirem suas responsabilidades com toda a transparência, e precisamos ajudá-los a exercer dignamente seu culto. Devemos, também, ajudá-los a manter o vínculo com países no exterior, cortando as ligações com organizações muitas vezes secretas e com financiamentos inaceitáveis. Sobretudo, não podemos ceder em nada nesse aspecto, como já fizemos, por facilidade.

Em seguida, vamos travar um combate contra o Islã radical, o Islã que tenta se imiscuir em alguns bairros e que se acha prevalecente sobre a República e suas leis. O que devemos fazer? Não será propor novos textos, novas leis: nós já os temos. É preciso aplicá-los, desmantelando as organizações que pregam a raiva pela República, pelos nossos valores, pelo que somos e pelo que nos une. Em muitos lugares, certo número de associações salafistas travam, junto aos jovens, uma batalha cultural. Elas ocupam o terreno abandonado pela República. Elas proporcionam ajuda e assistência onde há carência de serviços públicos. Não podemos ter medo de travar uma luta implacável contra essas organizações. Nesses lugares, temos combatentes dessa laicidade, combatentes do direito das mulheres, combatentes das regras da República, e não temos o direito de abandoná-los. Nosso dever é ajudá-los, pois são eles que, em ligação direta com os serviços públicos, permitirão restaurar a República.

O dever do Estado e de seus representantes é ser inflexível. É exigir, se necessário, a reafirmação de adesão aos grandes princípios antes da abertura de um lugar de culto; de pedir explicações e prestação de contas de pregações inaceitáveis. E, se preciso, que os feche ou proíba, para que respeitem as normas constitucionais.

Em seguida, devemos propor um futuro para esses bairros que muitas vezes negligenciamos, seja por concentrarem dificuldades sociais e econômicas, seja por políticas que só trataram os sintomas da doença que os corroía. Nós renovamos o urbanismo. Era uma absoluta necessidade, e um trabalho notável foi realizado em muitos lugares. No entanto, simplesmente trabalhamos em algumas áreas, estabelecendo uma prisão domiciliar para seus habitantes. Dissemos a eles: "Vamos refazer o bairro, mas, para vocês, o acesso à escola no centro da cidade não será permitido, o acesso aos transportes comuns e à cultura será difícil, o acesso a um estágio ou à universidade será muito, muito difícil, e, quanto ao acesso a um emprego... Aí, já estão pedindo demais!"

A reconquista positiva de nossos bairros é indispensável. Ser firme diante dos inimigos da República pode não ser o bastante. Precisamos reinvestir em nossos bairros para dar oportunidade aos habitantes, dar-lhes mobilidade e dignidade, um lugar verdadeiro e um sentimento de pertencer a uma comunidade dinâmica e solidária, unida em torno dos mesmos valores. Isso quer dizer mobilidade escolar e profissional, acesso à cultura, ao lazer etc. É essa necessidade de dar sentido a certas experiências religiosas ou a políticas extremas.

Nossa missão será difícil e levará um tempo, será exigente para todos. A meu ver ela é essencial, mesmo que a adesão à República e à religião sejam duas ordens diferentes. Nos tempos atuais, é necessário colocar o amor de nosso projeto comum e o respeito dos outros acima das nossas crenças, quaisquer que elas sejam.

A equação é simples: não ceder em nada aos discursos de divisão ou de raiva e fazer tudo pela liberdade; ajudar o Islã a construir seu lugar na República; mas não ceder em nada em nossos princípios e lutar contra todo tipo de fundamentalismo.

Isso, porém, pode não ser suficiente. Nosso país não pode se manter de pé, avançar com coragem, se não soubermos de onde viemos. O legado está na essência da nossa nação. É isso que vai permitir a cada um de nós saber de onde vem e para onde vai neste mundo contemporâneo, onde tudo se acelera e as referências se confundem. Para melhor, mas, às vezes, também para pior.

Não somos nada e não nos tornaremos ninguém enquanto não aceitarmos receber. Enquanto não aceitarmos aprender o que outros aprenderam antes de nós. Não construímos a França, não nos projetamos nela se não nos inserirmos em sua história, em sua cultura, em suas raízes, em seus personagens: Clóvis, Henrique IV, Napoleão, Danton, Gambetta, De Gaulle, Joana d'Arc, os soldados do Ano II, os Atiradores senegaleses, os Resistentes, todos aqueles que marcaram a história do país...

A França é um bloco. Não se pode querer ser francês e, ao mesmo tempo, ignorar o passado. Nossa história e nossa cultura, tudo o que as gerações anteriores têm para nos transmitir, constituem nossa base comum. O passado é o início do nosso futuro, e é por isso que os heróis da República são sempre nossos contemporâneos: o educador, o docente, o professor, o formador, o dono da empresa que, às vezes, também ensina um gesto — todos aqueles que decidem doar um tempo ao outro para transmitir o que somos.

Nossa cultura é o que nos reúne. Ela nos mantém juntos. E não deve ser elitista, ao contrário. São portas abertas a todos. Por várias vezes vi o que a citação de um poema, de um texto, podia provocar de emoção, quebrando barreiras. A emoção compartilhada em reuniões públicas quando cito Gide ou Aragon. A emoção que senti ao ouvir Abd al Malik lembrar Camus.

Essa herança é nossa arma contra a divisão, é nossa arma contra a radicalização, é nossa arma contra a resignação.

No entanto, transmitir nossa cultura, nossas emoções, nossos deslumbramentos é um pouco mais do que isso.

É recuperar o sal da vida juntos. Perdemos hábitos antigos que, pessoalmente, conheci na casa das minhas tias nas cidadezinhas dos Pirineus. Essa solidariedade de bairro que impedia de deixar o outro sozinho, os velhos parentes que guardamos conosco. Deixamos pelo caminho nossas atenções mais inocentes.

Não cabe à política dar um sentido à vida. E não vejo como a política, mesmo transformada em doutrina da salvação, poderia pretender substituir os cultos e mesmo as crenças. Contudo, o homem republicano não pode esquecer a fraternidade. Esse é o terceiro termo de nosso lema, muitas vezes considerado o mais obscuro, pois liga a liberdade e a igualdade em uma espécie de condescendência amigável que vai além das barreiras da origem. Os franceses que se dedicam, que se engajam em associações, que se doam todos os anos para as grandes causas sabem disso perfeitamente. A fraternidade, que não suporta a exclusão, é como o coração invisível do projeto da França.

No fundo, falta alguma coisa para nós. Para cada francês individualmente, e para a sociedade como um todo. A evolução das sociedades ocidentais parece nos mergulhar em uma forma de tristeza resignada. Todos se veem condenados a um lugar funcional e, no fundo, pouco importa se é em nome do "mercado" ou do "Estado".

O mistério, a transcendência, a inserção no íntimo, ou na vida cotidiana, de elementos que não se resumem ao dinheiro, ao papel social, à eficiência, parecem ter desaparecido para sempre.

Qualquer que seja a busca pessoal, os franceses continuarão infelizes se não quiserem criar um espaço político que vá além deles, o da cidade. Mas criá-lo não é apenas votar e comparecer às eleições ou elaborar um programa ou, ainda, fazer com que seja aplicado.

A política tem que carregar nossos valores. E esses valores não são apenas valores de eficiência. São outra coisa. Vidas são arruinadas em nome da eficiência econômica. Nas empresas muito complexas, ninguém mais sabe quem manda e quem obedece. Os que trabalham, empregados e gerentes, parecem movidos por um sistema invisível do qual ninguém tem as chaves. Essa desumanização, essa corrida à "otimização" máxima, pode levar a tragédias.

Querer a França é querer seus valores. Essa simples ambição está no centro de nossa política migratória há décadas. O que fundamenta a acolhida francesa não é apenas a generosidade ou a tradição, e sim a vontade compartilhada de construir um destino comum em que o outro é visto como um enriquecimento, uma necessidade profunda. É a vontade do estrangeiro que decide participar de um destino coletivo singular e abraçá-lo inteiramente.

Todos os anos, duzentos mil estrangeiros vêm se instalar em nosso território. Entre eles, quase um a cada dois nasceu em um país europeu, e três em cada dez em um país africano.

Em se tratando do assunto de asilo, precisamos nos organizar para reformar as condições de análise desses inúmeros pedidos. Os prazos precisam ser consideravelmente encurtados, inclusive modificando por completo o sistema de licenças e a organização jurídica. É necessário que as pessoas que têm direito à proteção da França possam ser acolhidas, formadas e cuidadas rapidamente. Elas têm esse direito. Porém, no fim desse procedimento mais curto e mais eficaz, todas as pessoas que não podem ficar na França, porque não conseguiram o direito ao asilo, devem ser reconduzidas à fronteira.

Quero dizer da maneira mais clara, sem falsas aparências: no tratamento dos refugiados, a benevolência não é fazer acreditar que vamos acolher a todos, concedendo licenças a conta-gotas após processos que nunca acabam. Quando fazemos isso, somos, de fato, de uma rara falta de humanidade: deixamos os solicitantes se instalarem no país por longos meses até que seus pedidos sejam julgados, depois acabamos por negar, para a maioria deles, a licença de emigração. Nesse meio-tempo, eles se instalaram, tiveram filhos ou se casaram. A ordem de expulsão do país não é executada, e as pessoas oscilam na ilegalidade, o que faz delas indivíduos sem documentos destinados à marginalidade. Por falta de clareza em nossos objetivos e de eficácia em nossa política, chegamos ao inverso do que nossa tradição de acolhida nos mandaria fazer. Ter humanidade é assumir nosso papel, examinar rapidamente os pedidos e analisar as consequências para os principais interessados.

Devemos também pôr um fim no escândalo moral e humano da travessia de desertos e do Mediterrâneo. Temos que reconhecer: o erro é nosso. Quando o direito, nosso direito, nos obriga a examinar os pedidos de asilo, não autorizamos os requerentes a migrar legalmente para a França. Mesmo assim, eles vão por conta própria. Milhares morrem no caminho, e em parte nós somos responsáveis. Os pedidos de asilo deveriam ser examinados o mais perto possível das zonas de conflito, nos países limítrofes. Alguns vão dizer que os consulados ali não estão preparados. Deveriam ser. É uma questão de dignidade e de eficiência. Assim como a alteração do absurdo sistema de Dublin,[4] que obriga os países fronteiriços com a Europa a acolher os refugiados e provoca, com grandes despesas, uma circulação infernal e dolorosa, pois os refugiados, que sabem que os países limítrofes não os receberão, acabam sempre vindo para o centro da Europa, para a França, para a Alemanha e para a Itália.

Além dos refugiados, é preciso facilitar os processos das pessoas que querem se inserir em nossa sociedade. Não podemos admitir que aqueles que desejam viver em nossa terra e que querem se tornar franceses passem horas nas filas de espera, indo de um guichê a outro, para ter a esperança de obter o "abre-te,

---

[4] O sistema de Dublin estabelece os critérios e mecanismos que determinam que país, membro da UE, deverá ser responsável pelo exame do pedido de asilo. Esse sistema não será mais viável se as tendências migratórias atuais se confirmarem. Por isso a Comissão apresentou novas opções de reforma do sistema de Dublin. [*N. da T.*]

sésamo" depois de seis meses ou um ano de formalidades. A partir do momento em que os critérios forem claros, o tratamento dos processos deve levar no máximo dois ou três meses. É assim que concebo a nação cordial.

O corolário da cordialidade é a exigência: a França não pode acolher a todos sob qualquer condição. Afinal, os valores franceses, essa liberdade que acabei de descrever, não são negociáveis. Nunca. E nenhum de nós pode se prevalecer da generosidade ou da alteridade para considerar que a igualdade entre mulheres e homens, a liberdade de consciência e de culto, inclusive a liberdade de não acreditar, pode variar de acordo com as circunstâncias. A França é grande quando oferece essas liberdades àqueles que se juntam a ela. Todas as pessoas que chegam ao país devem, portanto, se comprometer a respeitar esses valores e até a defendê-los. Em troca, usufruirão da plena integração e de total proteção, sem ver, constantemente, sua "lealdade" e "fidelidade" postas em xeque por este ou por aquele.

Não acredito que os valores franceses estejam a ponto de desaparecer. A França não é fraca. Ela não precisa defender o que é; afirmar já basta. O que nos falta hoje em dia, e que nos dá essa impressão dolorosa de infidelidade a nós mesmos, são os meios de devolver o vigor, a cor e o brilho à sua expressão política. É preciso imaginação, uma vontade contínua e paciência. Precisamos ter gosto pelo futuro. Todas essas virtudes estão presentes, como que adormecidas ou paralisadas. Na verdade, seria preciso pouca coisa para nos reconciliarmos conosco.

CAPÍTULO XIII

PROTEGER OS FRANCESES

Muitos são os responsáveis políticos que constroem os discursos sob o signo da fragilidade nacional. Nós os ouvimos em todos os lugares. Da minha parte, tenho a convicção íntima de que estão enganados e de que, por eles, os franceses são enganados.

É bem verdade que os tempos são duros e a história é trágica: a França foi atingida por atentados cruéis; o país passa por transtornos da sociedade e está desestabilizado pelas mudanças de curso do mundo. Mas nosso país não é um castelo de cartas. Há séculos e séculos, nos mantemos nos primeiros lugares do mundo. Vencemos provações incomparavelmente mais difíceis. Dispomos de uma demografia dinâmica, de uma capacidade de integração comprovada, de um patrimônio cultural inigualável e de uma vontade incomparável.

Devemos, hoje em dia, tranquilizar os franceses diante das ameaças contemporâneas. O Estado os protege. Esse é o seu papel mais importante: proteger a liberdade de cada um diante do medo.

Vivemos em um país que luta resolutamente contra o Estado Islâmico. A isso são somadas a violência, a falta de civilidade do cotidiano há vários anos e as tensões crescentes em alguns bairros. As linhas de frente são múltiplas, embora não comparáveis, e somos forçados a viver com um risco permanente.

Entre as ilusões mais perigosas do presente está a de acreditar que podemos eliminar o mal com barreiras, banimentos, arquivamentos, campos e o "esquecimento ou menosprezo dos direitos do homem" que a Declaração de 1789 expôs diante do mundo.

Existe alguma coisa vã e preocupante na confusão de propostas que foram apresentadas, aliás, com fins amplamente eleitoreiros, depois dos atentados. Como em outros campos, os franceses me parecem manifestar, além de suas inquietações, uma calma, uma força, uma resolução que contrasta com a agitação desordenada de uma parte da classe política, sobretudo, mas não somente, com aquela que aproxima as ideias da direita clássica das ideias da extrema direita. Nesse espaço acirradamente cobiçado, os candidatos à sucessão de Poincaré e de De Gaulle passaram a se interessar pelos cardápios das escolas, pelo comprimento dos uniformes, pelas modalidades de aquisição ou desistência da nacionalidade francesa, em um desregramento estéril de inventividade.

Com isso, e quaisquer que sejam os méritos desta ou daquela proposta — as quais podemos discutir abertamente —, esses responsáveis políticos cometem um erro político e, ao mesmo tempo, um erro moral e um contrassenso histórico.

Nunca um país — sobretudo não a França — venceu uma prova decisiva negando as leis que o fundamentam e o espírito delas. Toda luta se alimenta de uma espécie de orgulho, de uma afirmação do que somos e, também, daquilo a que ninguém tem o poder de nos fazer renunciar. Em um plano rigorosamente prático, o arsenal antiterrorista é suficiente. Não é necessário acrescentar jurisdições de exceção, campos de internamento ou não sei qual mais presunção de nacionalidade. Além do mais, sabemos muito bem que a diminuição da liberdade de todos e da dignidade de cada cidadão nunca promoveu, em lugar nenhum, o aumento de segurança. A criminalidade não aumentou depois da supressão da pena de morte ou da presença do advogado na prisão cautelar. Considero essas ilusões profundamente nocivas por si mesmas e nada produtivas. No fim desse caminho existe uma França exposta ao risco, mas cuja face não será destruída ao longo da aventura.

Ouço alguns dizerem que querem prender todas as pessoas com ficha "S"[1] para que não constituam uma ameaça. As mesmas pessoas garantem, como se quisessem nos tranquilizar, que apenas as mais "perigosas" seriam presas. Contudo, ninguém explica como essa periculosidade seria avaliada. E também não se lembram de que nossos serviços de informações, que não poderíamos acusar de tolerância excessiva ou de amadorismo, desaconselham tais medidas. Não é fazendo propostas perigosas que vamos diminuir o perigo. Porque propor encarcerar sistematicamente aqueles que são fichados "S" é esvaziar de sua

---

[1] "S" é abreviação de Segurança do Estado. São as fichas das pessoas procuradas. [N. da T.]

eficiência nosso sistema de informações, e é, sobretudo, passar de um Estado de direito para um Estado de polícia. É, a um só tempo, ineficaz e não democrático.

Não somos um país igual aos outros. A não ser que nos percamos, não podemos seguir, nesses tempos difíceis, outro caminho que não o nosso. A riqueza que temos que defender é a marca da França, sua virtude, sua mensagem na história. É isso que faz com que, nos momentos decisivos, sobre assuntos fundamentais, sua mensagem se estenda pelo mundo. A França é a voz que diz não a todas as paixões que não servem à causa do homem.

A identidade francesa está no país. Ela não está em nenhum outro lugar. Fiquei impressionado com o paradoxo no qual os arautos que se proclamavam de identidade nacional se colocavam a serviço de uma causa que não é a da França, e sim a causa de suas fantasias, que degrada a nação.

É também por essa razão que devemos preparar coletivamente, assim que for possível, uma saída do estado de emergência. Isso foi indispensável nos dias posteriores aos atentados, e permitiu que medidas imediatas fossem tomadas em condições que não poderiam ser reunidas sob outro regime de direito. Não garanto que esse estado de emergência não possa mais ser acionado se circunstâncias dramáticas o exigirem novamente. Mas seu prolongamento sem fim, todos sabem, em vez de resolver problemas, provoca mais conflitos. Não podemos viver em um permanente regime de exceção. É preciso voltar ao direito comum, tal como foi reforçado pelo legislador, e agir com os instrumentos certos. Temos todo o aparelho legislativo que permite responder à nossa situação nesse período.

Dizer isso não significa de modo algum que devemos nos mostrar complacentes diante de propostas ou comportamentos, sobretudo religiosos, que transgridem nossos princípios. Porém, a única maneira de, como se diz em cirurgias, reduzir a fratura terrorista é não dar qualquer poder a quem os defende. Para tanto, devemos mobilizar a sociedade civil por inteiro em torno de um projeto fundamentado na confiança. Se essa confiança for traída, é preciso que as punições sejam aplicadas e que elas sejam duras. Ao contrário, nada seria pior do que prender *a priori*, por suspeita, parcelas inteiras da população francesa em resposta à propaganda de uma minoria e aos crimes de um pequeno número de pessoas.

Nesse aspecto também nós devemos nos desintoxicar do recurso permanente à lei e da modificação constante de nosso código criminal. O sucesso virá da reforma das estruturas e dos meios da polícia e dos tribunais, com um exame crítico antecipado das organizações pela representação nacional.

Como garantir a segurança de todos, a liberdade primordial pela qual o Estado de direito é responsável?

O exército só pode ser um último recurso. Ele não é a modalidade natural de ajustamento da juventude nem uma força de manutenção da ordem no país. Sua finalidade é a luta. Os apelos de vários responsáveis políticos para uma participação sempre crescente do exército na França são uma homenagem a esses homens e mulheres que assumem há tantos anos uma carga muito pesada, através de reformas e reestruturações das quais poucas administrações civis foram capazes, despertando a admiração de todos. Só que o exército não foi feito para suprir as carências do dispositivo nacional de segurança, nem as falhas de nosso sistema educacional. As missões do exército podem ser pontualmente ampliadas. A reserva operacional[2] pode ser desenvolvida, no âmbito de uma reflexão profunda sobre as modalidades contratuais do engajamento, em termos de obrigações, duração e vantagens. Mas é inconcebível e perigoso que a reserva seja um quebra-galho.

Nesse sentido, a operação Sentinela, que espalhou quase dez mil militares pela França, foi uma necessidade para proteger o território e tranquilizar a população. Não é realista nem desejável pôr um fim nessa operação nos próximos meses, mas é necessário, por um lado, conservar o formato atual de nosso exército mesmo depois da operação Sentinela e, por outro, preparar rapidamente a transição para que as forças da polícia civil e militar, graças a contratações suplementares, possam suprir as deficiências.

Falando de forma mais ampla, em matéria de segurança nossos dispositivos foram construídos em uma época em que o terrorismo não era uma grande ameaça para os franceses. E quando a criminalidade não era a mesma de hoje em dia. Acontece que a luta contra o terrorismo requer uma lógica radicalmente diferente para agir de forma eficiente. É preciso estabelecer

---

[2] A reserva operacional agrupa cidadãos civis voluntários e todos os ex-militares, que ficam disponíveis por cinco anos depois de deixar as forças armadas. Em caso de necessidade, ela é chamada para efetuar operações militares. Desde outubro de 2016, todos os reservistas operacionais (de nível 1) fazem parte da Guarda Nacional. [*N. da T.*]

laços de confiança com a população. Essa luta impõe a presença contínua das forças policiais em nossos territórios. Ela obriga a agir mais próximo dos franceses, pois a proximidade é o único meio de coletar informações, de identificar os indivíduos perigosos e segui-los.

Na realidade, a luta contra o terrorismo é, antes de tudo, uma batalha de informação que precisa de um trabalho policial minucioso e discreto: nada disso seria possível se decidíssemos prender as pessoas que vigiamos e ouvimos.

Quanto às forças de segurança, precisamos reconhecer que cometemos erros no passado que ainda não foram reparados.

Erramos, em primeiro lugar, na organização das forças policiais. Atualmente, sofremos as consequências da supressão quase total dos meios de informação territorial. Essa opção teve efeitos prejudiciais, pois grande parte da eficácia operacional contra as redes terroristas é baseada na capacidade de obter informações da cidade e até mesmo do bairro. É preciso ir além da reforma feita nos últimos anos e reconstruir um sistema de informação plenamente operante. Por outro lado, não soubemos nos organizar para usar da melhor maneira possível as informações que circulam na Internet e os dados recolhidos nos diferentes setores. Além dos problemas de coordenação entre os serviços que impõem elucidações indispensáveis, é preciso criar uma célula central de tratamento de dados de massa de informação, como os britânicos e os americanos souberam fazer. Essa célula teria comunicação direta com o conselho de defesa, pois permitiria centralizar dados da informática de alto nível, complemento indispensável da informação de campo que acompanha os indivíduos.

Ao mesmo tempo, sofremos as consequências das decisões ideológicas tomadas há mais de dez anos para suprimir a polícia de bairro.[3] Ao contrário da caricatura que foi feita dela, a polícia de bairro, implementada por Lionel Jospin e Jean-Pierre Chevènement, não tinha nada de utopia laxista, nem de dispositivo mágico de comunicação. Qualquer que seja o nome que lhe seja dado, será preciso pôr na ordem do dia uma organização policial mais próxima dos franceses. Certamente, o novo contexto terá que ser levado em consideração: o nível de violência e de delinquência em alguns bairros é bem mais alto do que há vinte anos. Será preciso cuidar, principalmente, para que a articulação entre polícia e justiça seja mais eficiente.

Será preciso dar tempo a essa nova polícia de bairro. Ela deve ser durável, e precisamos lhe fornecer meios humanos e financeiros. É preciso permitir que ela crie um elo de confiança com os franceses. Isso não é dar provas de fraqueza, e sim de inteligência. Isso porque os policiais — e, além do mais, a polícia militar — assim empregados são funcionários que desenvolvem um conhecimento aprimorado de seu território, que têm tempo para coletar informações necessárias e que, caso seja preciso, serão capazes de identificar previamente os indivíduos perigosos com tendências de radicalização.

Como vemos, essas reformas exigem uma reorganização rápida e recursos suplementares. Além das nove mil contratações aprovadas, e que ainda estão em curso, serão dez mil os

---

[3] O termo em francês "police de proximité" foi inventado por Charles Pasqua em 1995 e posto em ação pelo governo de Jospin em 1998. Consistia em instalar policiais uniformizados nos bairros para ficar em contato permanente com a população, acabando com o sentimento de insegurança do povo. [*N. da T.*]

funcionários da polícia civil e militar que precisamos recrutar nos próximos três anos.

Mas isso não vai resolver as dificuldades apontadas pelos policiais quando ocorreram os movimentos espontâneos que se seguiram ao odioso ataque de Viry-Châtillon.[4]

Muitos policiais têm o sentimento de que trabalham em condições difíceis, sem os equipamentos indispensáveis, em razão das limitações orçamentárias permanentes e das brigadas que não foram reforçadas com o aumento do efetivo nos últimos anos. A sensação de abandono de alguns bairros pela própria hierarquia é inaceitável para os homens e mulheres desses locais.

E também deparamos com as consequências diretas da falta de recursos da justiça. A resposta penal não está à altura, pois os recursos da justiça e da administração penitenciária não o permitem, sobretudo nas zonas mais difíceis. Isso enfraquece a credibilidade das forças policiais atuantes. Quando fica estabelecido, como é o caso em algumas regiões, que o Ministério Público não dará ordem de prisão se a pena incorrida for inferior a dois anos, é a credibilidade de toda a resposta penal que é posta em dúvida.

A resposta seria que as forças policiais, assim como os magistrados, pudessem se concentrar em algumas missões: hoje em dia eles não têm capacidade de lutar contra os fenômenos de delinquência em todos os níveis.

---

[4] Policiais foram atacados por um grupo, com coquetéis Molotov, e dois deles ficaram gravemente feridos. [*N. da T.*]

REVOLUÇÃO

A resposta política clássica é a de se prevalecer de uma intransigência permanente e geral. Evidentemente, trata-se de uma ilusão. A realidade é que pedimos sempre mais às forças policiais, aos magistrados e aos serviços penitenciários que, atualmente, estão entre os funcionários que trabalham em condições mais difíceis. Devemos reforçar os recursos deles e ser intransigentes em nossas prioridades: a luta contra a delinquência e a criminalidade, e a erradicação das zonas sem lei. Porém, ao lado disso, devemos fazer uma reflexão madura e transparente sobre o objetivo das penas. O que esperamos da sanção penal? Excluir quem transgrediu a lei do corpo social por um período mais ou menos longo nem sempre é a medida mais útil do ponto de vista social. O roubo, por exemplo, sem nenhuma outra circunstância agravante, atualmente é punido com três anos de prisão: não poderíamos cogitar que a pessoa fosse suscetível de uma medida de reparação coercitiva em benefício da vítima e de uma multa quando o produto do roubo fosse inferior a determinado valor? Da mesma maneira, o uso e a posse de maconha abaixo de certa quantidade, bem como algumas infrações formais do código de trânsito (falta de seguro do veículo, por exemplo), precisam necessariamente ser da alçada dos tribunais correcionais? Poderíamos considerar que o regime das contravenções seria suficiente para punir esses comportamentos.

A esse respeito, não vou me deixar prender no discurso repleto de armadilhas, feito de acusações sistemáticas de permissividade quando abordamos essas questões. Todos devem ficar convencidos disso: não tenho nenhuma simpatia pelos maus motoristas nem pelas práticas viciantes. Apenas digo que é preciso ouvir os profissionais da polícia e da justiça que explicam o quanto é inútil punir sistematicamente o consumo de maconha, sendo que uma multa pesada e pagável na mesma hora economizaria tempo para a polícia e para a justiça, e seria muito mais dissuasiva do que uma hipotética pena de prisão que todos sabem que nunca será executada.

Em contrapartida, é imperativa a execução imediata das penas, quaisquer que sejam elas, tal como foram pronunciadas. Hoje em dia, um magistrado que condene um infrator a pena de regime fechado por até dois anos sabe que essa pena será, primeiro, examinada por outro magistrado, que conceberá alternativas para a prisão. Qual é o sentido desse sistema? É incompreensível para as vítimas, para os cidadãos, assim como para os infratores. Uma pena de prisão pronunciada deve levar o indivíduo à detenção. É preciso devolver o sentido ao pronunciado da pena, pois ele envolve a palavra da justiça e, portanto, sua autoridade. Além do mais, não devemos dar chance ao conceito de prevenção, profundamente abandonado, reforçando a presença adulta (educacional, associativa) junto aos jovens dos bairros para evitar que estes passem à ação e caiam na espiral delinquência-prisão-recidiva?

As funções reais da justiça e da segurança implicam um compromisso do Estado em termos de recursos. É preciso providenciá-los e mantê-los. Essas funções também implicam um compromisso durável. Há dez anos esse compromisso é inconstante, resultado dos incidentes permanentes ditados pela atualidade. Sobre esse assunto, é necessário assumir essas prioridades e, por uma lei-quadro quinquenal, aceitar essa obrigação por cinco anos — e a nação deve mantê-la.

REVOLUÇÃO

Enfim, para que as mudanças sejam plenamente eficazes, devemos responsabilizar toda a sociedade. Cada um deve ter seu lugar na responsabilidade da segurança do país. Isso não quer dizer, de modo algum, que devemos ser uma sociedade da suspeita, e sim assumir o pensamento de que o Estado não é o único ator da segurança. Todos têm um papel a representar para identificar a ameaça: as associações que acolhem jovens, os professores que acompanham as crianças na saída do colégio, os diretores de empresa que organizam seminários. Devemos ser mais vigilantes diante das deturpações atuais. A formação de ações de primeiros socorros, as reações que se deve ter em caso de ataque, os reflexos para saber como alertar as forças policiais são indispensáveis atualmente.

Nesse contexto, a reserva operacional desempenha um papel fundamental, embora não exclusivo. Não se trata de propor a recriação para todos de um serviço militar obrigatório. Isso não seria desejável para nossos jovens, e não é possível para um exército com militares de carreira. Em compensação, formar, de maneira voluntária, entre trinta mil e cinquenta mil rapazes e moças no quadro da reserva permitiria que eles contribuíssem para essa indispensável transformação.

CAPÍTULO XIV

CONTROLAR NOSSO DESTINO

Estamos mergulhados no mundo, queiramos ou não. Milhões de franceses vivem no exterior e viajam. Temos territórios franceses em todos os continentes. Nossa língua é falada em toda a superfície da Terra.

E o restante do mundo está entre nós: dezenas de milhões de turistas visitam nosso país todo ano. Dois milhões de nós trabalhamos para empresas estrangeiras, que chegam a mais de vinte mil em nosso território! Além disso, milhões de nossos concidadãos trabalham para a globalização: quando produzimos Airbus em Toulouse ou helicópteros em Marignane, quando produzimos turbinas em Belfort ou cabos submarinos em Calais, estamos atendendo clientes estrangeiros e, portanto, dependemos da globalização.

Nossos grandes desafios contemporâneos são mundiais: entre eles estão o terrorismo, a imigração etc. E, obviamente, compartilhamos o mesmo planeta, o que deve nos motivar a trabalharmos juntos para preservar a diversidade ou reagir às mudanças climáticas. Pois as transformações em curso terão consequências diretas sobre nós e nossos filhos. Se não agirmos em nome da coletividade, essas transformações provocarão doenças e conflitos que aos poucos vão destruir o planeta, nosso primeiro bem comum.

É nesse sentido que digo que não podemos nos desinteressar do mundo, que nossa ação internacional é a condição para que possamos controlar nosso destino, tão ligados que estamos uns aos outros.

Aliás, a França nunca pensou em si sem pensar nos outros. Isso às vezes nos torna insuportáveis aos olhos dos demais países. No entanto, isso também explica por que nossos vizinhos e parceiros, quando a França não se manifesta sobre este ou aquele assunto, perguntam: "Mas e a França? Qual a sua opinião?" O sonho francês sempre foi ao mesmo tempo um sonho universal. Sempre pensamos no mundo. Não existem muitos países como a França, que se mobiliza quando os cristãos do Oriente são ameaçados, que vibra pela sobrevivência de Benghazi, que se mostra indignada com o mártir de Alepo ou com os crimes praticados em Tombuctu.

Essa condição alimentou por muito tempo o sentimento de que nosso país tinha vocação para esclarecer como o mundo funciona, para levar uma mensagem universal e humanista, para convidar a todos a serem como nós, a se aproximarem de nós, de nosso modelo e de nossos valores. Hoje, essa globalização se parece menos conosco. Por vezes, ela não compartilha nossos valores. Isso nos leva a duvidar e a querer fechar nossas portas. Por vezes somos atormentados pela tentação de desertar. Compreendo os medos e as dúvidas. Também ouço a raiva contra a falta de direção do mundo. Mas acredito que a França nunca poderá ser a França se esquecer sua vocação universal.

Antes de tudo, nós temos uma história. Somos uma antiga potência colonial que conserva uma ancoragem territorial em cada continente. Nossa língua é falada por 275 milhões de pessoas, e temos uma relação especial com o continente africano e o Oriente Médio.

Somos uma potência internacional, marítima, diplomática e militar. Somos um dos cinco membros permanentes do conselho de segurança da Organização das Nações Unidas, único membro da União Europeia desde o *Brexit*. Possuímos armas nucleares e somos capazes de projetar nossa força pelo mundo. Isso nos leva a desempenhar um papel. Mas, também, nos obriga a dar provas de uma grande responsabilidade. Por essa razão, sou a favor de que nossas intervenções sejam inseridas no âmbito dos mandados da ONU. É mais eficaz e, ao mesmo tempo, está mais de acordo com nossa visão histórica do multilateralismo. E ainda nos garante um equilíbrio que nenhuma aliança pontual permite obter.

O nosso dever é exemplar. Se a França teve no passado essa aura, foi porque era respeitada como país não agressivo, independente, que gozava, então, de uma grande e tangível popularidade em todo o mundo. Foi o que aconteceu quando recusamos a aventura iraquiana de George W. Bush e de Tony Blair. Hoje em dia, no entanto, a imagem da França não é tão boa. Muitas de nossas polêmicas são mal compreendidas e afetam nossa imagem. A nossa presença no Mali é vista com desconfiança por uma parte da juventude africana. O intervencionismo na Líbia e no Sahel foi contestado.

O meu desejo é que possamos admitir juntos que é necessário um pouco de realismo. Não se pode pensar em uma ação internacional independentemente do que fazemos em casa. Fico impressionado ao ver que nossa palavra pública internacional continua exatamente a mesma, apesar de nossa situação ter mudado. Quem pode acreditar que temos recursos financeiros e militares suficientes para intervir em toda a parte? Podemos continuar lançando propostas, censurando, às vezes repreendendo — como se nossas finanças estivessem em ordem, se nossas intervenções fossem coroadas de sucesso, se nossos dirigentes fossem populares e nossa reputação estivesse intacta? É uma fonte de perigos, de falhas e de erros que, às vezes, podem se tornar constransgedores. Para agir com eficácia, é preciso, antes de tudo, ter lucidez.

No outro extremo, muitos são aqueles que renunciaram à ideia de uma posição própria, original e útil por parte da França. Porque a julgam rebaixada, incapaz de se reerguer ou fadada a se dissolver na União Europeia ou na OTAN. Esses também estão errados. Devemos continuar levando ao mundo nossa maneira especial de encarar a liberdade, a humanidade, a justiça e a honra. Mas não podemos fazê-lo sem realismo, isto é, sem empreender, ao mesmo tempo, em nós mesmos, os esforços de rigor, de eficiência e, também, de moral, que não cessamos de pedir a todo o planeta. É por isso que, na minha opinião, a nossa ação, sem se anular, deve se inserir mais profundamente num âmbito europeu e, em particular, em um diálogo estratégico, indispensável, com a Alemanha. Também devemos dar mostras de mais exigência conosco e, digamos também, nos mostrar mais desinteressados pelos outros. Por muito tempo parecemos preferir nossos interesses diretos enquanto comerciantes de armas ou organizadores turísticos à realidade dos povos que pretendíamos amar, talvez pela boa opinião que tínhamos a nosso próprio respeito. Já apoiamos no passado e ainda hoje apoiamos regimes ditatoriais e ineficientes, inteiramente contrários aos nossos valores.

A França deve conservar uma posição particular e independente que lhe permita travar um diálogo construtivo com todos. Esta é, aliás, a própria natureza da diplomacia: falar com quem estamos em desacordo. Esse diálogo não deve, contudo, sacrificar nossos valores, nem afundar na simplicidade e na complacência. Se o realismo é indispensável, os princípios também são, e um choque de modéstia não nos faria mal.

Tampouco nos faria mal uma análise, o mais objetiva possível, dos vinte anos de operações militares da França. O Parlamento só toma essa iniciativa sob o choque do escândalo e da emoção. Acontece que eu tenho certeza de que, ao contrário, existe material suficiente para fazer uma avaliação completa e um controle inteligente das ideias organizadoras, assim como dos respectivos processos.

Para voltar ao presente e controlar nosso destino, considero como desafio primordial a nossa segurança no exterior e, portanto, a necessidade de lutar por todos os meios possíveis contra nosso inimigo, o Estado Islâmico, e contra todos os riscos ligados a ele. O terrorismo e o islamismo político radical prosperam em nossas portas, a leste e ao sul. Nossa ação diplomática e militar deve ter como objetivo garantir um esquema de segurança no Magrebe e no Mediterrâneo, diante das crises regionais.

Hoje, a prioridade é vencer a guerra contra o Estado Islâmico na terra deles, em Mossul e em Raqqa, entre outras. É impedir outro massacre de civis como o que vimos em Alepo. É estabilizar a região e, sobretudo, o Líbano, um país muito próximo do coração dos franceses e com tanta frequência marcado por guerras e pelo exílio. Nossa presença é plenamente necessária e justificada. Mas, nesse caso também, nossa ação deveria se inserir no contexto de um mandado inequívoco da ONU.

Entretanto, os conflitos militares nesses países só poderão ter um desfecho se construirmos uma solução política, ainda que transitória. Tenho muitas reservas sobre a pertinência de conflitos armados sem que exista uma opção política, como as consequências que enfrentamos nos últimos quinze anos no Iraque e na Líbia. A França e seus parceiros europeus precisam se mostrar vigilantes nesse aspecto, nas crises em curso e nas que virão.

A França assumiu suas responsabilidades na Síria nos planos diplomático e militar, mas foi progressivamente isolada, sobretudo pelos russos e pelos americanos por razões diferentes, sendo que a Turquia, o Irã e um certo número de países do Golfo defenderam, cada um, os próprios interesses. É chegando a um equilíbrio justo entre todas as partes que a paz, lá também, poderá ser restabelecida. Nesse aspecto, a posição alemã deveria nos inspirar, e sairíamos ganhando se agíssemos mais claramente de comum acordo.

Sobre o caso líbio, não pretendo esconder minha preocupação. É desse país que saem todos os que, no Sahel, se ligaram a essa organização ou à al-Qaeda. Enfraquecido nas outras frentes, o Estado Islâmico tenta agora estabelecer sua retaguarda. É também desse país que uma maioria de refugiados e de emigrantes parte para a Europa. Se a Líbia for tomada por terroristas, será uma tragédia. Primeiro para a população local; depois porque isso aumentaria a pressão migratória no continente europeu. Isso daria reservas financeiras ao Estado Islâmico, especialmente de petróleo, na região oriental da Líbia. Por fim, isso ameaçaria os países em volta, sobretudo a Tunísia, frágil democracia que desempenha um papel importante desde a Primavera Árabe — essa foi a razão pela qual fiz questão de dedicar ao país minha primeira viagem internacional como dirigente do *En Marche!*. A atitude a ser tomada na Líbia deveria ser uma ação diplomática europeia com aliados regionais. Devemos, inclusive, nos apoiar na Argélia e no Egito, que têm os mesmos interesses que nós no assunto, a curto e a médio prazos.

É por essas razões que as políticas árabe e mediterrânea devem voltar a ocupar o centro de nossa diplomacia. Devemos retomar o fio de nossa história, quando nossa ação era sempre independente, e aprender a manter relações exigentes porém contínuas com todos os atores dessa região. Com a Arábia Saudita e o Qatar, o relacionamento deve ser político e econômico, e todos os assuntos — inclusive o apoio desses países ou de seus cidadãos a organizações que desestabilizem a região — devem ser abordados. O Irã, por sua vez, precisa de auxílio em sua abertura econômica e em sua reinserção no jogo internacional, com a condição, é claro, de respeitar estritamente o acordo concluído em 2015 sobre seu programa nuclear. Se no futuro o Irã tiver armas nucleares, toda a política de não proliferação nuclear será novamente posta em questão. Os outros países da região — Turquia, Egito, Arábia Saudita... — desejarão seguir o mesmo caminho. É por esse motivo que o Irã precisa compreender que pode ser uma grande potência no futuro, sem privilegiar a via militar. O interesse dessa nação poderia ser o de se posicionar inicialmente como potência econômica, valendo-se de uma grande capacidade de influência e de um papel de pacificação.

Israel, por sua vez, continua sendo um aliado diplomático e econômico. É uma democracia, e devemos zelar por sua proteção. Porém, ao mesmo tempo, sabemos que uma paz durável precisa passar pelo reconhecimento de um Estado palestino. A política de colonização é, portanto, um erro. É preciso voltar ao espírito dos acordos de Oslo. Em se tratando de lugares santos, a França provocou inquietações ao votar, inicialmente, a favor, depois se abstendo sobre uma resolução da UNESCO que indicava seu caráter muçulmano e negava os laços históricos de Jerusalém com o judaísmo. A França deveria ter se apresentado como defensora do respeito a todas as religiões e apelado para a coexistência pacífica entre elas. O que acontece na Jerusalém de hoje é, na realidade, o inverso. É preciso sair diplomaticamente do debate histórico sobre as regiões santas no qual os intransigentes de todos os lados gostariam de nos prender.

Diante dessas potências e muito especialmente diante da Turquia, a França ganharia ao reforçar uma abordagem europeia. No caso da Turquia, vemos bem que a atração do modelo europeu é o único contrapeso capaz de impedir o regime turco de seguir com suas tendências autoritárias e seus questionamentos das liberdades políticas. A Turquia não deve se afastar da Europa em questões relativas aos desafios de segurança, geografia e economia, levando em consideração sua aptidão de estabilizar a região. Mas sem nenhuma ingenuidade, pois o regime de Erdogan não a permite.

O Magrebe, sem dúvida, ocupa um lugar à parte, considerando nossa história com o Marrocos, a Argélia e a Tunísia. Milhões de franceses saíram desses países e mantêm uma forte ligação com eles. Não podemos nos esquecer disso. Considerando esse passado comum, é imperativo construir nosso futuro juntos: na verdade, enfrentamos os mesmos desafios, sejam de segurança, economia ou, ainda, meio ambiente. Muitos deles deveriam ser discutidos no âmbito de um diálogo euro-mediterrâneo.

Sem dúvida, seria abusivo pretender elaborar uma política mediterrânea comum, mas também seria um erro não compreender que estamos ligados por um mesmo destino.

Todos esses países estão submetidos a riscos múltiplos de desestabilização, cujas consequências sofreríamos de maneira imediata e direta.

Na África, a França deve continuar desempenhando o papel que teve nos últimos anos, quer se trate da Costa do Marfim, da República Centro-Africana ou do Mali. Considero exemplar nossa intervenção militar na Costa do Marfim sob mandado da ONU e lamento nossa partida da República Centro-Africana, pois a situação ainda não é estável. É grande o risco de precisarmos voltar para lá nos próximos anos.

A intervenção do Exército no Mali foi extremamente útil, pois permitiu salvar esse país do jihadismo. A esse respeito, faço questão de cumprimentar nossos soldados, que combateram em condições tão adversas.

É evidente que nosso papel na África, em conjunto com os exércitos africanos e as organizações regionais, é estabilizar as zonas de fragilidade, e a União Europeia coordenou eficazmente as operações de formação militar. Nessa região do mundo, porém, devemos também levar o nosso apoio aos países que escolhem a abertura e a democracia. A África, como sabemos, tem potencial para um forte dinamismo econômico. A cooperação com ela nesse aspecto deve ser reforçada.

Levando em conta os atuais compromissos franceses, sem dúvida muito numerosos, e os riscos potenciais, torna-se evidente que a França deve manter uma diplomacia influente, uma rede ativa *in loco* e um aparelho militar eficaz e moderno. Os formatos dos exércitos não devem sofrer uma baixa nos próximos anos, mesmo que seja decidido o desengajamento da operação Sentinela. É preciso ir mais longe e, nesse mesmo sentido, pensar na estratégia de dissuasão que se deve manter, a todo custo. Pois nela reside nossa suprema proteção.

Nossa segurança internacional depende dramaticamente das escolhas estratégicas americanas e russas. Na verdade, a Rússia desempenha um papel crescente no Oriente Médio e, depois da Segunda Guerra Mundial, os Estados Unidos fizeram dessa região sua zona de intervenção privilegiada, pela qual fomos beneficiados várias vezes.

Que tipo de relação queremos manter com os russos, que são europeus? Queremos voltar a viver sob um regime de setenta anos de conflito absoluto nos moldes da Guerra Fria? Queremos, de fato, continuar essa gestão meio indefinida e conflituosa das relações com essa potência, atualmente marcada por uma espécie de confronto?

Precisamos restabelecer nossa relação com a Rússia. Não poderíamos seguir cegamente a linha americana, qualquer que venha ela a ser depois da eleição de Donald Trump — com a qual, no fundo, a União Europeia sofre há vários meses —, nem uma linha de conivência com um regime criticável, linha que tem a preferência de uma parte da direita francesa.

Da minha parte, vou trabalhar para que possamos encontrar um diálogo intenso e franco. Não vamos resolver o problema da Crimeia a curto prazo. Mas devemos trabalhar com os russos a fim de estabilizar a relação deles com a Ucrânia e permitir que sejam progressivamente suprimidas as sanções de ambas as partes.

É preciso encontrar um terreno de entendimento para o Oriente Médio a fim de restaurar a segurança na região. A Europa terá de se manter vigilante nos próximos meses para evitar qualquer afastamento da Rússia, que pode ver na eleição de Donald Trump um sinal de desinteresse dos Estados Unidos em relação à Europa.

Compartilhamos com os russos um continente, uma história e até mesmo uma literatura. Turguêniev vivia na França, Púchkin amava nosso país, Tchekhov e Tolstói foram fortemente influenciados pela cultura francesa. Enfrentamos juntos, e por duas vezes, os conflitos mais terríveis da história mundial. Ao mesmo tempo, a visão russa não corresponde inteiramente à nossa. Cabe a nós levarmos isso em consideração. Contudo, cometeríamos um erro enorme se cortássemos os laços com essa potência da Europa Oriental em vez firmar com ela um relacionamento de longo prazo. Na luta contra o terrorismo e no campo da energia, temos material para alimentar uma parceria útil.

A questão de nossas relações com os Estados Unidos é, nesse contexto, mais do que nunca, estruturante. Estamos ligados pela defesa dos direitos humanos e temos os mesmos interesses em favor da estabilização mundial. Muito estava em jogo na época da eleição presidencial de Donald Trump, em novembro de 2016. Ninguém consegue prever as consequências dessa eleição, mas somos obrigados a constatar que os anos de Obama foram marcados por um desacordo velado com a Europa, o que tomou a forma de uma verdadeira tensão sobre a Síria.

Durante o governo do presidente Obama, a prioridade foi a atenção à Ásia em detrimento da Europa. Foi uma mudança considerável, cujas consequências começaríamos a perceber caso assim continuasse. Também os Estados Unidos estão em fase de recuo do Oriente Médio e das zonas de crise, sendo que esse é um dos compromissos primordiais há meio século. A "linha" Obama no Oriente Médio foi simples: responsabilizar os atores locais e regionais e não tomar mais iniciativas, nem assumir a parte essencial da pacificação. Depois de decidir pela retirada das tropas do Afeganistão e do Iraque, já que a ameaça direta aos Estados Unidos não se concretizou, esse país não intervém mais.

Cooperações intensas evidentemente prosseguem e devem ser mantidas. Em vários territórios de operações, o equipamento americano de informações e os meios de assistência militar são postos à disposição da França. Os Estados Unidos sabem muito bem que o Sahel é perigoso e que nossa cooperação em matéria de informações nessa região é essencial.

O que quer que seja, existe de ambas as partes do Atlântico uma necessidade de esclarecimento, de reavaliação entre os Estados Unidos e a Europa, de revitalização e de reinvestimento. A esse respeito, as escutas foram ações insuportáveis. De nada adiantou os meios autorizados acharem que se tratava de fatos banais e pouco surpreendentes; eles me pareceram particularmente chocantes, sobretudo ao envolver chefes de Estado.

Portanto, na relação entre a França e mais amplamente a União Europeia, de um lado, e os Estados Unidos, do outro, está em jogo um momento determinante para o futuro do planeta. O eixo atlântico que estrutura o Ocidente e que assumiu, desde o pós-guerra, a política dos direitos humanos e da pacificação, é o mais importante? Acredito profundamente que sim. Mas ele implica o reequilíbrio de nossas relações, pois elas determinam nossa capacidade de proteger os franceses. No momento em que escrevo, a vida política americana tomou um novo curso com a eleição de Donald Trump. Ninguém sabe quais serão suas primeiras decisões. Ao menos sei que, tal como as de seus antecessores, elas serão impostas pela realidade. Cabe a nós fazer prevalecer nossas concepções. Cabe a nós, também, avaliar essa mudança do mundo.

Hoje em dia, mais do que no passado, devemos construir uma estratégia europeia para dez anos em matéria diplomática e militar; cada vez mais a Europa Ocidental terá de se defender por si mesma. Portanto, como primeira potência militar da Europa, devemos trabalhar com nossos parceiros europeus, a Alemanha, mas também o Reino Unido, que, em relação a esse assunto e levando em consideração nossos laços, continua a ser um parceiro estratégico. Diante dos riscos regionais vizinhos e considerando as novas posições e incertezas ligadas à Rússia e aos Estados Unidos, temos de assegurar nossa segurança coletiva de forma mais independente.

Para controlar nosso destino, o segundo eixo de ação deve ser o conjunto de nossas iniciativas comerciais, econômicas e culturais no restante do mundo. De fato, isso é essencial para permitir à França e à Europa uma influência real e evitar os desvios que poderiam atingir nosso país. Com isso, nossos artistas, nossas instituições de ensino e nossas empresas poderão brilhar no mundo inteiro.

Para fazer isso, temos trunfos imensos e dispomos de uma rede diplomática excepcional que continua a ser uma força. Neste ponto, quero compartilhar uma convicção que tenho e que vai contradizer as escolhas feitas há tantos anos. É sempre mais importante manter nossas bolsas de estudos, nossos centros culturais e nossas instituições de ensino do que postos diplomáticos. É claro que manter uma rede diplomática é indispensável, mas aí também podemos desenvolver uma abordagem mais europeia, mas nossa influência cultural só depende de nós. E é isso que marca a presença francesa no contato com os demais países.

Por ocasião da minha viagem para a Tunísia, fiquei impressionado com as conversas que tive com representantes da política e da cultura. Seus modelos eram todos franceses. O domínio da língua, perfeito. As lembranças vibrantes eram de momentos com artistas franceses, escritores e cineastas.

No entanto, também calculo o mal que causam, há quinze anos, os nossos recuos nas políticas em favor da francofonia ou no pouco interesse despertado para a promoção artística no exterior. A França trabalha a seu próprio favor e também do mundo quando brilha culturalmente. Quando apoia e promove sua língua e a diversidade linguística. Quando oferece bolsas a estudantes de todos os continentes. Quando permite, a milhares de quilômetros, no meio de outro continente, que se saboreie um pouco dela, em um espírito de troca, curiosidade e reciprocidade. Os vínculos mútuos que se constroem, para os franceses e para todos os nossos parceiros no mundo, são muralhas contra a ignorância e muitas vezes contra a barbárie, conexões entre os cidadãos de outros lugares e nós.

Como tal, vejo a África como um continente de promessas, onde devemos reafirmar e reestruturar nossas ambições.

Nossa presença não pode se limitar à ação militar e política. Devemos, a partir de agora, fazer mais e permitir, na África inteira, que os empresários e a classe média se desenvolvam. Essa seria a melhor maneira de estabilizar permanentemente as democracias africanas. Sob esse prisma, o trabalho conduzido em 2013 por Hubert Védrine, Lionel Zinsou, Hakim El Karoui, Jean-Michel Severino e Tidjane Thiam[1] continua a ser totalmente pertinente e constitui o centro da ação estratégica que quero ter a chance de conduzir nesse continente. Tradicionalmente, nossa presença econômica na África foi construída em uma ligação estreita com os governos, em setores como o de matérias-primas e de infraestrutura. Nossa presença se desenvolveu em condições de opacidade que não permitiram lutar de maneira eficaz contra a corrupção de ambas as partes, nem aproveitar ao máximo os efeitos positivos dessa relação.

Atualmente, uma nova elite empresarial emerge e atrai a classe média e a população desses países. É tecendo laços com essa nova geração que devemos intensificar, de maneira equilibrada e sem condescendência, nossas relações com a África na próxima década.

Não vou desfiar aqui a lista exaustiva de todos os países com os quais temos uma história, uma ligação única, intercâmbios culturais, comerciais e industriais inéditos, do Brasil à Argentina, passando pela Colômbia e pelo Chile, do Japão à Coreia do Sul, passando pela China e pela Índia, que, em franca transformação, reforça seus múltiplos laços com a França e a Austrália, com a qual acabamos de assinar importantes acordos.

---

[1] Cinco personalidades francesas e franco-africanas que redigiram um relatório com quinze propostas, a pedido de Pierre Moscovici, ministro da Economia e das Finanças na ocasião, que propõem construir uma nova parceria econômica com o continente africano, em especial com os países ao sul do Saara. [N. da T.]

A China, é claro, ocupa nessa lista um lugar à parte. Ela é uma grande potência em vias de se tornar a primeira economia do planeta. Muitos de nossos compatriotas mal a conhecem. Eles ainda a veem como a fábrica do mundo, como um país de produção de baixo custo. Eles a veem como responsável pela transferência de fábricas e pela desindustrialização da França. Mas a China já é mais do que isso. Por essa razão, devemos mudar nossa maneira de enxergá-la. Em vez de ser sempre considerada um perigo, a China pode representar uma oportunidade se soubermos buscar os meios.

Com nossas empresas, temos a capacidade de responder aos desafios consideráveis que a China deve enfrentar (desenvolvimento urbano, necessidades energéticas, luta contra a poluição). Parcerias antigas já existem, como no campo nuclear.

Podemos nos apoiar nos vínculos singulares que mantemos com ela: os dirigentes chineses nunca se esqueceram de que a França foi o primeiro país ocidental a reconhecer a República Popular da China.

No entanto, para ter sucesso nessa globalização em plena transformação, precisamos da Europa. Em trinta anos, o mundo mudou profundamente. A França se encolheu de algum modo, pois novas potências econômicas e comerciais emergiram. Por isso, o melhor meio de defender nossas preferências e nossos valores é de fato ter uma política europeia eficaz. E, em particular, uma política comercial comum. Só a Europa pode, de modo confiável e eficiente, negociar com a China e com os Estados Unidos. Nesse aspecto, não acho que, ao longo dos próximos anos, a negociação em curso com os Estados Unidos avance para um tratado de livre-comércio. Em contrapartida, ganharíamos se nos empenhássemos em uma estratégia comercial ofensiva e dialogássemos com a Ásia e com o Pacífico, para não deixarmos os americanos numa posição de árbitro. A União Europeia também é o espaço de regulamentação que devemos privilegiar em matéria de tecnologia para fazer valer nossas preferências, quer se trate da valorização dos dados econômicos, quer se trate da proteção da vida privada.

O terceiro eixo de nossa ação deve ser mais civilizacional. Temos de pensar em um novo humanismo. Estou convencido de que a globalização é sinônimo de oportunidades para muitos. Porém, ao mesmo tempo, ela está desencaminhada pelos excessos de um capitalismo financeiro que nossos Estados-Nações não conseguem mais regular. O acordo de Bretton Woods, que depois da Segunda Guerra Mundial permitiu estabelecer os regulamentos financeiros necessários aos novos equilíbrios financeiros e monetários, sobreviveu. O G20, espaço internacional que reúne as vinte primeiras economias mundiais, ressuscitado depois da crise financeira de 2008, na verdade não permitiu corrigir esses abusos.

Acontece que, hoje em dia, o capitalismo mundial produz mais desigualdades do que nunca nos países desenvolvidos. A classe média das economias ocidentais é, desde os anos 1980, a grande vítima desse movimento histórico. Num primeiro momento, as novas elites e classes médias das economias emergentes se beneficiaram com o crescimento de suas economias, mas, durante os vinte e cinco últimos anos, o 1% mas rico não cessou de acumular mais riquezas.

O capitalismo internacional não se regula mais por conta própria. E tampouco pelas instituições criadas para esse fim. Ora, quer se trate de crises financeiras, quer de sacrificados pela globalização, quer de vítimas do aquecimento climático, quer da destruição da biodiversidade, a França deve possibilitar a antecipação, a prevenção e a participação na mudança das regras internacionais, humanizando, no fim, esse capitalismo contemporâneo.

Não sei se vamos atingir esse objetivo. Aliás, não sei se o capitalismo não está vivendo suas últimas etapas, em razão de seus próprios excessos. Em compensação, estou convencido de que a França precisa garantir seu lugar nesse empreendimento essencial que consiste em fazer prevalecer os valores humanos em meio à globalização. Tudo a predispõe para isso: sua história, seus princípios, suas aptidões... Além da luta em favor do meio ambiente, a França deve travar um combate para reforçar a regulação internacional de maneira bem mais firme, pressionando todas as formas de financiamento opaco, continuando a adequar as remunerações dos dirigentes financeiros em todos os lugares do mundo e fazendo valer os princípios de responsabilidade social e ambiental. Esse empreendimento deve ser mundial se quisermos que seja eficaz. Seria ilusório esperarmos travar o combate sozinhos. O G20 é o contexto certo para tais ações, mas a França deve manter com a União Europeia uma agenda clara e voluntarista a esse respeito.

Também tenho a convicção de que é nos âmbitos europeu e mundial que devemos travar a luta contra a evasão e a fraude fiscal. A OCDE[2] e a União Europeia progrediram muito nos últimos anos na imposição de mais transparência. No entanto, o desenvolvimento do mundo digital facilita, e até encoraja, as

---

[2] Organização para a Cooperação e o Desenvolvimento Econômico. [*N. da E.*]

transferências de valores e, consequentemente, tais comportamentos. Nesse aspecto nós também devemos adotar medidas vigorosas e claras. Inicialmente, inserir todos os países da zona do euro em uma dinâmica de convergência fiscal para o imposto sobre as empresas. O processo levará de dez a quinze anos, mas essa comunhão é indispensável. Em seguida, exigir a renegociação de todos os acordos em matéria fiscal entre países da União Europeia e os paraísos fiscais. Por fim, impor que todo acordo comercial seja acompanhado de acordos de cooperação fiscal, a fim de lutar contra a otimização e a evasão fiscal. A abertura comercial só é politicamente sustentável se a riqueza taxável, necessária a qualquer redistribuição, não se evaporar com os fluxos financeiros. As grandes potências ocidentais terão novos governantes no fim de 2017. Devemos trabalhar para que tenhamos, de hoje até 2020, estabelecido as bases das novas regras da globalização. Não é uma luta para "impedir", ou simplesmente "conservar", e sim uma luta contra os excessos devastadores e em prol de nosso futuro comum.

O que estamos vivendo é, sem dúvida, uma mudança da ordem mundial. Alguns são tentados a enxergar nisso um fim do momento ocidental, preferindo buscar outra relação de forças. Nossa resposta constante deve ser a de civilizar por todos os meios possíveis essa globalização e ancorar nossa ação no âmago de uma Europa que se tornou ainda mais indispensável.

CAPÍTULO XV

REFUNDAR A EUROPA

Para retomar o controle do nosso destino, precisamos da Europa.

Depois de tantos anos, nossos dirigentes políticos querem nos fazer acreditar que a Europa é o problema, a responsável por todos os males.

Preciso lembrar aqui que a Europa somos nós? Nós, que a geografia e a história colocaram no centro da Europa. Nós, que a fizemos e a escolhemos. Nós, que designamos seus representantes. Vamos dizer claramente: eleger o presidente da República é eleger quem vai ocupar o assento destinado à França na mesa do Conselho Europeu.

Quando vejo este mundo tão grande, tenho duas certezas: o que nos une na Europa é mais forte do que aquilo que nos divide, e, se não soubermos compreender a China e os Estados Unidos, teremos pouca chance de assumir alguma relevância para esses países.

No fundo, de quem nós somos herdeiros?

Na história das construções políticas, a Europa é jovem. Ela tem apenas 65 anos e, no entanto, já parece desgastada. Ao longo das décadas, o projeto dos pais fundadores atolou em processos e se perdeu nos tratados. Desviou-se do caminho traçado por falta de visão.

Esse projeto se baseava em uma tripla promessa: uma promessa de paz, de prosperidade e de liberdade. Um projeto profundamente francês.

A construção europeia é filha da paz; ela a consolidou. Durante décadas, ela tornou o sonho pacífico uma realidade para milhões de europeus. Tanto que muitos de nós acreditamos no desaparecimento dos conflitos, esquecendo, no entanto, qual era a história real do continente. O sonho europeu sempre foi um sonho de império e de união pela guerra. César, Carlos Magno, Napoleão, até a tragédia hitlerista. Não podemos nunca perder de vista que a guerra é nosso passado no continente e que ela poderia ser nosso futuro se não construíssemos uma Europa livre. Pela primeira vez conseguimos fazer a união do continente pela paz e pela democracia. Nosso sonho europeu assumiu a forma inédita de uma construção não hegemônica, concebida para permitir a povos muito próximos, enfim, viver em paz depois das tragédias das duas guerras e, no mínimo igual, depois do traumatismo moral do que as guerras permitiram: o genocídio dos judeus, os massacres em massa, a própria traição do ideal ocidental.

A Europa da prosperidade foi outra promessa original. Devastado pela guerra, o continente não podia conceber um projeto comum que não tivesse por objetivo sua recuperação econômica. Apesar da crise, a Europa soube construir um modelo econômico e social sem equivalente no mundo.

Enfim, a Europa da liberdade e inicialmente a liberdade de circulação tanto dos homens quanto dos bens... Schengen,[1] Erasmus,[2] o euro, a supressão dos obstáculos — das despesas com o *roaming* nos telefones celulares — encarnam concretamente essa Europa da mobilidade.

Para os europeus, essas três promessas fundadoras parecem, hoje em dia, ter sido traídas.

A promessa de paz está fragilizada. As crises síria, líbia e ucraniana, as grandes migrações inéditas há sessenta anos e, antes de tudo, os ataques terroristas repetidos em nosso solo nos abriram os olhos: o fio da história não foi rompido. A guerra e os conflitos não ficaram para trás.

A promessa de prosperidade foi traída. A Europa continua estagnada em um crescimento lento. Eu mesmo, desde que tenho consciência do mundo e das coisas, ouço falar de crise. Hoje em dia, um em cada cinco jovens está desempregado na zona do euro. Nessa situação, que tipo de adesão a Europa pode despertar nas jovens gerações? A Europa soube enfrentar a emergência quando o euro foi ameaçado. Mas temos que admitir que a

---

[1] A Convenção de Schengen organizou a abertura das fronteiras entre os países da Europa, com a livre circulação dos cidadãos europeus na União Europeia. O território assim delimitado é chamado de "Espaço Schengen", nome da cidade de Luxemburgo onde o acordo foi assinado. Atualmente o Espaço Schengen tem 26 países-membros. [N. da T.]

[2] Programa Erasmus (European Region Action Scheme for the Mobility of University Students) é um programa de intercâmbio de estudantes e professores entre as universidades, as grandes escolas europeias e os estabelecimentos de ensino pelo mundo inteiro. [N. da T.]

austeridade não é um projeto, e que a redução dos déficits não poderia constituir uma ambição política.

A promessa de liberdade, enfim, está enfraquecida. Sobretudo a liberdade de circular é questionada todos os dias. Por razões econômicas e de integração, diante dos fluxos migratórios. Por razões de segurança, diante da ameaça terrorista. Mais amplamente porque a persistência do desemprego e o agravamento das desigualdades provocam a rejeição da abertura e a tentação do retraimento.

Essas três promessas não deveriam ser questionadas. Elas ainda constituem um projeto muito bom. Mas o projeto, no entanto, não poderá se realizar se nos voltarmos para nós mesmos.

Então, o que aconteceu?

A União Europeia enfraqueceu por culpa de todos nós. Atualmente há um esgotamento das ideias e dos métodos, claramente perceptível. É um sistema completo que morre, que gira em falso. As cúpulas dos chefes de Estado e de Governo tornaram-se uma caricatura disso: eles se encontram a portas fechadas, repetem grandes princípios, mudam uma palavra em uma declaração para não usar a da cúpula anterior. É um sistema desconectado do mundo e da realidade. O que me disseram os agricultores da Bretanha que encontrei nos últimos meses? Eles não me disseram que eram contra a Europa, nem mesmo contra a política agrícola comum que é tão importante para a França. Contudo, me explicaram que eram contra as regras em excesso, contra a burocracia detalhista, contra o intervencionismo da criação com produtos fora de sua propriedade, tão longe de suas necessidades reais.

Os fundadores da Europa acreditavam que a política seguiria a economia e que um Estado europeu poderia nascer de um mercado único e de uma moeda única. Depois de meio século, porém, a realidade dissipou essa ilusão. A Europa política não aconteceu. Ela até enfraqueceu, por nossa culpa coletiva.

Primeiro porque desejamos enfraquecê-la. Os chefes de Estado e de Governo fizeram tudo, por vários anos, com o intuito de pôr dirigentes fracos à frente da União Europeia.

Eles decidiram estabelecer uma comissão com 28 representantes. Isso não pode funcionar, e certamente será preciso rever a organização da comissão para recuperar a verdadeira colegialidade e a eficiência da comissão de Jacques Delors.

A União Europeia foi progressivamente abandonando sua visão por procedimentos, confundindo o objetivo — a União Europeia — e os meios técnicos, monetários, jurídicos e institucionais de sua realização. No fim, uma placa de chumbo caiu tanto sobre essa questão quanto sobre outras: fazer da Europa a mãe de todos os nossos problemas passou a ser um reflexo, e questionar o papel da comissão ou a multiplicidade de instruções era se mostrar um mau europeu.

Para os franceses, a censura ocorreu em 2005. Naquele ano, fizemos, por referendo, a constatação de que essa Europa talvez não fosse a nossa. Que ela havia se tornado exclusivamente muito liberal, afastada de nossos valores. E que tinha até mesmo se tornado ameaçadora, em vista dos benefícios que a França tradicionalmente retirava dela, como na agricultura, ou em vista de novos desafios, como o da imigração.

Esses sentimentos negativos se acentuaram depois do referendo de 2005, pois os defensores da Europa responderam ao trauma do "não" abandonando o debate e as ideias. A crise monetária grega revelou uma carência da mesma ordem: entre o apocalipse anunciado e as tapeações negociadas, as elites políticas europeias puseram de lado as discussões necessárias.

A Europa enfraqueceu por falta de espírito de responsabilidade. Nós mesmos, os franceses, no fundo, muitas vezes consideramos que a boa defesa do interesse nacional seria nos libertarmos das regras europeias que havíamos contribuído para elaborar. Além disso, a falta de um verdadeiro controle dos políticos europeus nos fragilizou. É significativo o fato de que, por falta de instâncias apropriadas, nenhum verdadeiro debate político tenha ocorrido sobre as decisões pelas quais a moeda única dera a alguns Estados, como a Grécia, a Itália, a Espanha, Portugal e, também, a França, autorização para viver acima de seus recursos, correndo o risco de uma catástrofe. A escolha dos dirigentes europeus, os hábitos de suas administrações, a proliferação das regras, a insuficiente aplicação do princípio de subsidiariedade deveriam continuar a ser submetidos a um exame exigente. As instituições europeias atuais são incapazes de fazer tal exame.

Também são consideravelmente incapazes de defender de forma eficiente os valores que, além da economia, fundamentam a Europa. Ninguém deve pensar que o humanismo na Europa é considerado algo sem importância. Sempre apoiei os esforços do governo grego para manter seu lugar na Europa monetária. No entanto, fiquei chocado porque em nenhum momento os negociadores europeus acharam que deveriam lembrar às autoridades gregas sobre o respeito às regras europeias que eles haviam visivelmente negligenciado nos últimos anos, em especial aquelas relativas ao direito de asilo. Algumas decisões recentes do governo húngaro ameaçaram os princípios nos quais a Europa se fundamenta e não deram importância à décima cúpula para a qual corremos quando o dinheiro do contribuinte ou a saúde financeira dos bancos parece correr perigo. Não deveríamos consentir nesses pactos.

Por fim, a União Europeia enfraquece por si mesma quando aceita sua própria desagregação por um conformismo sem visão. O que dizer do acordo de fevereiro de 2016[3] que oferecia ao Reino Unido uma Europa *à la carte*, cedendo à sua chantagem?

Por todas essas razões, neste ponto, considero perdida a década que acabou de passar.

O *Brexit* é, aliás, o nome dessa crise e o sintoma de esgotamento que marca a Europa. Contudo, esperamos também — e essa é nossa responsabilidade reformista — o início de uma indispensável refundação.

O *Brexit* não foi um ato egoísta. Não vamos recriminar ninguém por ter votado mal: isso não faz sentido. É bem verdade que seria mais fácil "dissolver o povo", como disse Bertolt Brecht, do que encarar os problemas. Prefiro a segunda opção.

O *Brexit* expressa uma necessidade de proteção. Ele traduz a rejeição de um modelo de sociedade que os dirigentes britânicos defenderam. De uma sociedade que pregou a abertura, sem cuidar das destruições — industriais, econômicas e sociais — que ela gera, necessariamente, quando ocorre muito depressa. O *Brexit*

---

[3] Acordo de privilégios concedidos à Inglaterra para tentar mantê-la na União Europeia e evitar o *Brexit*. [N. da T.]

traduz as fraquezas de uma classe política que encontrou seu bode expiatório: a Europa — antes de explicar que deixá-la seria um desastre. De um debate público que combinou num mesmo naufrágio a arrogância dos especialistas e a mentira dos demagogos.

Nesse sentido, o *Brexit* não é uma crise britânica, mas uma crise europeia. É um sinal de alarme endereçado a todos os países-membros, a todos aqueles que se recusam a ver os efeitos negativos da globalização. Todas as nossas sociedades estão divididas em duas partes quase iguais, entre partidários da abertura e defensores da inflexibilidade. As eleições regionais alemãs, as eleições locais italianas, a eleição presidencial austríaca, as desorientações polonesa e húngara e, certamente, na França, o crescimento da Frente Nacional: todas as pesquisas traduzem essa divisão.

Portanto, é preciso retomar a Europa em seu início, em sua origem.

Como fazê-la reviver? Como conduzir essa política diante do aumento do ceticismo?

É preciso resgatar o desejo de Europa. O projeto da paz, da reconciliação e do desenvolvimento. Não há nada mais difícil de definir do que um projeto, que passa a ser, rapidamente, o que cada um pensa dele.

Para isso, não podemos começar com a tecnologia, com soluções complexas e burocráticas, mas construir um projeto político de verdade. Os países da Europa para os quais ela não se reduz a um mercado, mas desenha um espaço em que um conceito do homem, da liberdade de empreender, do progresso e da justiça social é afirmado, devem recuperar o projeto e se organizar em consequência. Essa filosofia é a que foi aplicada durante muitos anos por Jacques Delors. Cabe à França tomar a iniciativa e trabalhar com a Alemanha, a Itália e algumas outras nações a fim de reerguer a Europa.

Devemos construir esse projeto europeu em torno de três conceitos: a soberania, o interesse pelo futuro e a democracia.

Vamos começar por aceitar o diagnóstico: a separação se situa, hoje em dia, entre os partidários da abertura e os defensores da inflexibilidade. Reformistas e progressistas, devemos assumir a sociedade da abertura e fazer a escolha da Europa.

Ser progressista atualmente é dizer que nossa relação com o mundo não se baseia no isolamento. É compreender que temos mais a perder do que a ganhar se nos fecharmos em nós mesmos. É convencer que essa abertura só é defensável se for acompanhada de proteções. É fazer de modo que a abertura possa ser proveitosa para todos e em todos os países-membros.

Acontece que confundimos soberania com nacionalismo. É o que eu digo: os verdadeiros soberanistas são os pró-europeus; a Europa é a nossa chance de recuperar a plena soberania. Do que estamos falando? Aqui também voltamos ao sentido das palavras para esclarecer as ideias. A soberania é o livre exercício por uma população de suas escolhas coletivas em seu território. E ser soberano é poder agir de maneira eficaz.

Diante dos grandes desafios do momento, seria simplesmente uma ilusão, e um erro, propor refazer tudo em âmbito nacional. Diante do afluxo de imigrantes, diante da ameaça terrorista internacional, diante da mudança climática e da transição para o mundo digital, diante do poderio econômico americano e chinês, a Europa é o nível de ação mais pertinente.

Quem pode acreditar seriamente que controlaremos sozinhos o fluxo migratório vindo do norte da África e do Oriente Médio? Que regularemos sozinhos as grandes plataformas digitais americanas? Que responderemos sozinhos aos desafios do aquecimento climático? Ou, ainda, que negociaremos sozinhos acordos comerciais equilibrados com os Estados Unidos e a China? Nos próximos anos e nesses diferentes setores, devemos avançar com os 27 países-membros da União Europeia. Vamos parar por um instante e pensar nos fluxos migratórios. Um assunto profundamente regaliano,[4] mas diante das ameaças cada vez mais globais o escalão europeu deve ser reforçado. A ideia apresentada por alguns de que a verdadeira proteção seria garantida com a retomada das fronteiras nacionais é totalmente fantasiosa. Por acaso eles imaginam que nós vamos espalhar o exército em nossas fronteiras? Fechar as fronteiras para a Alemanha, a Bélgica, a Espanha ou a Itália? É o que nós queremos? Ainda mais diante do fato de que muitos dos terroristas que agiram nos últimos meses contra a França eram franceses e viviam no próprio país e na Bélgica.

Temos na Europa interesses totalmente comuns nesse ponto. Mas devemos reforçar nossa ação e ter uma verdadeira política, hoje com 28 e, amanhã, 27. Isso supõe o investimento em uma verdadeira força comum de guardas costeiras e guardas de fronteiras e em um verdadeiro sistema de carteira de identidade

---

[4] Regaliano quer dizer que é do rei e, por consequência, do Estado. Ministérios regalianos cuidam das funções cuja responsabilidade só pode ser do Estado e não deve ser delegada a empresas privadas. Na França, os ministérios regalianos são o do Exército, o do Interior, o da Justiça, o da Europa, o das Relações Exteriores, o da Economia e o das Finanças. [*N. da T.*]

comum. Qualquer um que chegue a Lesbos ou a Lampedusa pode se instalar na França. Acontece que, hoje, essa força que chamamos de Frontex[5] só pode intervir se um Estado lhe solicitar e com meios bem limitados, e nossa cooperação entre serviços nacionais é insuficiente.

A questão das fronteiras é fundamental hoje em dia. É preciso estabelecê-la no nível certo. Providenciar os meios para proteger nossas fronteiras europeias é a resposta pertinente a ser dada.

Tornar essa política de segurança eficiente também supõe que nós nos coordenemos diante dos países terceiros.[6] Considerando inicialmente as zonas de conflito e os países de origem dos imigrantes. A União Europeia deve organizar sua política em relação aos países de origem, quando se trata de refugiados. O erro da Europa foi não estabelecer essa política antes do início da crise. Em seguida, devemos desenvolver uma política coordenada de apoio para o desenvolvimento desses mesmos países, a fim de ajudá-los a gerenciar eles próprios os fluxos de refugiados, em particular nas vizinhanças da zona de conflito síria. Aí também se cometeu um erro, quando vários milhões de refugiados estavam nessas regiões. A Europa foi solicitada pelas Nações Unidas e não agiu, portanto não se preveniu. Enfim, está claro que nos próximos meses precisaremos retomar o assunto da cooperação com o Reino Unido no que se refere à imigração. A contribuição financeira atual do Reino Unido não será suficiente; a França não poderá arcar sozinha com o fardo dos campos de refugiados. Além dessa participação financei-

---

[5] Agência europeia de guarda de fronteiras e guarda costeira. [N. da T.]
[6] São os países ou territórios que não fazem parte da União Europeia. [N. da T.]

ra, é imperativo que o Reino Unido aceite gerir com a União Europeia o problema dos refugiados nas fronteiras da União.

Sobre esses assuntos, a Europa tem o nível certo de proteção da soberania.

Vamos considerar outro exemplo, o do comércio. A Europa da soberania é, também, a que regula o livre comércio e civiliza a globalização. Como ministro, travei um combate defendendo nossa siderurgia contra a concorrência desleal. Defendi, às vezes sozinho, sobretudo a propósito do acordo com o Canadá, que a política comercial ficasse no âmbito europeu, pois somos mais fortes juntos. Que tipo de proteção a França poderá estabelecer sozinha diante da China? Que acordo comercial vantajoso este ou aquele país terá condições de negociar com nossos grandes parceiros? Mas a contrapartida indispensável dessa competência europeia para os acordos de livre comércio é uma associação mais precoce e mais regular dos cidadãos do Parlamento Europeu com os dos Parlamentos nacionais; é um aumento da transparência; é, também, e sobretudo, a criação de proteções mais eficientes diante de práticas desleais. Sou favorável ao reforço de medidas antidumping, que devem ser mais rápidas e mais vigorosas, como nos Estados Unidos. Devemos igualmente estabelecer, no âmbito europeu, um controle de investimentos estrangeiros nos setores estratégicos, a fim de proteger uma indústria essencial para nossa soberania e garantir o controle europeu das tecnologias-chave.

A União Europeia, se assim decidirmos e arcarmos com todas as consequências, é que nos permitirá construir nosso lugar e nossa justa proteção na globalização. É em torno disso que devemos refundá-la.

Em seguida, a União Europeia vai ser construída sobre o interesse pelo futuro, isto é, sobre uma ambição comum de relançamento.

Atualmente, a União Europeia e mais especialmente a zona do euro afundam por falta de ambição, porque estamos paralisados pelas dúvidas, consequência das crises passadas. Ora, precisamos de uma ambição nova, de uma política de investimentos aplicada no nível europeu.

A esse respeito, ouvimos aqui e ali que o euro foi um mau passo; isso é esquecer bem rapidamente os benefícios dessa moeda, que nos protege das flutuações monetárias, que encoraja o comércio na zona do euro e permite que nos financiemos em condições historicamente favoráveis. Devemos, no entanto, reconhecer que a incompletude da zona do euro, esta sim, foi um erro.

Atualmente o euro está perdendo a força em razão das crescentes diferenças entre suas economias e da falta de reaquecimento e de investimentos públicos e privados. No passado, por falta de uma verdadeira liderança política, o euro acabou por acentuar as diferenças entre as economias da zona do euro, em vez de aproximá-las. Diante de uma crise sem precedentes, as economias mais fragilizadas afundaram e os Estados passaram por uma crise da dívida. Hoje em dia, na ausência de uma direção centralizada, os desequilíbrios acumulados demoram a ser reabsorvidos, apesar de uma política de austeridade nunca vista em muitos países da Europa. Exatamente quando é preciso reaquecer toda a zona com investimentos indispensáveis a seu crescimento, o rigor orçamentário continua a imperar. O Banco Central europeu faz o máximo que pode há cinco anos. Sem sua ação determinada, sem dúvida estaríamos em recessão.

O que proponho é lançar um orçamento da zona do euro que deverá financiar os investimentos comuns, ajudar as regiões que estiverem em maior dificuldade e responder às crises. Temos os meios para fazer isso, pois não estamos endividados de maneira solidária no âmbito da zona do euro. Para tanto é preciso um responsável: um ministro das Finanças da zona do euro. Ele definiria as prioridades desse orçamento e privilegiaria os Estados que fazem as reformas para implementá-las. Ele seria responsável diante de um Parlamento da zona do euro que reuniria todos os parlamentares europeus dessa região ao menos uma vez por mês, no intuito de assegurar um verdadeiro controle democrático.

Ao mesmo tempo, deveríamos decidir juntos rever as regras do jogo a fim de estabelecer uma política econômica mais apropriada. A zona do euro não recuperou os níveis de investimento de antes da crise, e nenhum bloco econômico pode sacrificar assim seu futuro. Um plano de investimento europeu bem mais potente do que o atual "plano Juncker",[7] isto é, que permita subvenções, e não principalmente empréstimos ou garantias, deve ser estabelecido o mais rápido possível. Esse plano deve financiar os investimentos necessários ao equipamento de fibra ótica, às energias renováveis e às interconexões e técnicas de armazenamento de energia, à educação, formação e pesquisa. Todos os investimentos do futuro que contribuírem para esse plano deverão ter saído dos objetivos de dívida e de déficit incluídos no pacto de estabilidade e crescimento.

---

[7] O plano Juncker, que recebeu esse nome por causa do presidente da Comissão Europeia, visa reaquecer a indústria na Europa e tem por objetivo mobilizar 315 bilhões de euros de investimentos de 2015 a 2017, com a finalidade de compensar o déficit de investimento sofrido pela União Europeia. [*N. da T.*]

Nesse ponto, a França tem uma responsabilidade imensa. Se queremos convencer nossos parceiros alemães a avançar, precisamos obrigatoriamente reformar a nós mesmos. A Alemanha de hoje adota a postura de espera e barra muitos dos projetos europeus em razão de sua desconfiança em relação a nós. A França traiu a Alemanha duas vezes. Em 2003/2004, ao se comprometer a fazer reformas essenciais que apenas os alemães fizeram. E em 2007, ao interromper unilateralmente a agenda de redução de despesas públicas que conduzíamos em conjunto. Depois, de novo, ganhando tempo em 2013, sem agir o suficiente. É por isso que a Alemanha aumenta hoje o seu excedente orçamentário, o que não é bom para ela nem para a Europa. Não podemos esquecer que existe lugar para uma liderança francesa na Europa, mas para isso precisamos dar o exemplo.

A partir daí, o método certo para progredir me parece simples. A previsão era apresentar a estratégia de reformas de modernização do país e o plano quinquenal de diminuição das despesas usuais em meados de 2017, colocando-os em ação sem demora. Em contrapartida, devemos pedir aos alemães que promovam uma verdadeira recuperação orçamentária. Eles devem avançar conosco na ideia de um orçamento da zona do euro e, por outro lado, na autorização de investimentos para o futuro em todos os países dessa zona.

Se queremos construir uma potência econômica conciliando solidariedade e responsabilidade, devemos conduzir a reforma no âmbito dos Estados, mas, ao mesmo tempo, é indispensável que alguns Estados-membros da zona do euro possam ir mais longe. Eles devem dar a si mesmos dez anos para criar a convergência fiscal, social e energética. Esse será o coração da zona do euro, sem o qual ela vai se desarticular.

Tudo isso supõe uma verdadeira decisão política que deve ser tomada nos próximos dois anos. A base desse coração da Europa será a união dos países em torno de um orçamento comum da zona do euro e de uma capacidade de investimento que possa ser colocada em ação rapidamente. Os próximos dois anos serão decisivos para a Europa e para a zona do euro. Se essas decisões não forem tomadas, é pouco provável que a Europa dure muito tempo, tão sacudida ela está hoje em dia entre os interesses divergentes e tão fragilizada pelos nacionalismos. Depois desses dois anos, haverá um encontro com o povo francês. Se tivermos fracassado, será indispensável arcar com todas as consequências desse fracasso para nós e para nossos parceiros. Essa luta pela Europa é uma das mais essenciais para o próximo presidente. Ela é a condição de nossa soberania. E para conseguir isso devemos convencer hoje os nossos parceiros europeus. É isso que vou conduzir, de maneira muito próxima, sobretudo, com a Alemanha e a Itália.

A União Europeia continua a ser pertinente. Ela será, com seus vinte e sete membros, esse círculo mais largo que continua a ser um espaço político e econômico, o espaço do mercado único e das grandes regulamentações. O espaço da política de concorrência, da política comercial diante de outras grandes potências, o espaço do mundo digital e da energia, que poderá impor seu próprio regulamento.

Se quisermos avançar nos temas de defesa e segurança, temos que progredir mais claramente no âmbito da zona Schengen e nos mostrarmos mais ambiciosos para pôr em ação as guardas de fronteiras e as guardas costeiras, cuja criação acabou de ser decidida. Precisamos resolver, em conjunto, nossas políticas nas fronteiras comuns, ter uma política ambiciosa de cooperação em matéria de informação e asilo.

A União Europeia, portanto, deve continuar a avançar em sua capacidade de regular e proteger. Ela tem o tamanho essencial, que não é em nada incompatível com a necessária convergência no centro da zona do euro.

Por fim, esse empreendimento só será feito se colocarmos a democracia no centro da ação. Não vamos deixar o monopólio do povo e das ideias para os demagogos e para os extremistas. Não vamos fazer da Europa um gestor de crise, que procura todos os dias ampliar o regulamento interno porque os vizinhos não confiam mais uns nos outros. Não nos fechemos em dogmas que nos impedem de responder às aspirações legítimas de nossos concidadãos.

Precisamos ter um tempo para discutir e para restabelecer a confiança. É esse amplo debate que proponho lançar em 2017,[8] em um momento político chave, o das eleições francesas, alemãs e holandesas.

Proponho o lançamento de convenções democráticas em toda a União Europeia. Durante seis a dez meses, em cada país, segundo as condições oferecidas, dando espaço para a escolha dos governos e das coletividades, seria organizado um debate

---

[8] Este livro foi publicado em 2016, ano anterior às eleições. [*N. da E.*]

europeu sobre o conteúdo da ação da União, sobre as políticas que ela conduz, sobre as prioridades que deve ter.

Alimentando-se desses debates, os governos europeus elaborariam uma lista breve das etapas a serem seguidas, com alguns desafios comuns e ações específicas, traçando as prioridades de ação da União Europeia e o calendário da implementação nos próximos cinco ou dez anos. Em seguida, cada país validaria politicamente esse "projeto para a Europa" de acordo com sua tradição democrática. Para os países que organizassem um referendo, uma campanha coordenada precisaria ser planejada, com o intuito de criar um debate democrático no âmbito europeu.

Assim, a Europa seria novamente legitimada. O debate democrático seria reavivado. Os povos não seriam mais mantidos a distância. Contudo, devemos decidir, desde o começo, que nossos procedimentos serão revistos, como Mario Monti[9] e Sylvie Goulard[10] propuseram para termos sucesso: quando um país-membro votar contra um novo projeto, não poderá bloquear o avanço dos outros. Ele simplesmente ele não se juntará aos demais no que lhe diz respeito. Decerto, a Europa será mais diferenciada: ela já é. Mas ela se manterá diferenciada "continuando em frente" e não por recuos sucessivos.

Essa refundação não se fará em um dia. Levará anos. Devemos recuperar o sentido do tempo longo e traçar uma visão. Quando as coisas demandam tempo, é ainda mais urgente empreendê-las.

---

[9] Economista e estadista italiano. [*N. da T.*]
[10] Política francesa, autora de várias obras sobre a construção e o funcionamento da União Europeia. [*N. da T.*]

CAPÍTULO XVI

DEVOLVER O PODER ÀQUELES QUE FAZEM

Um desejo profundo de política e de engajamento cidadão anima, há muito tempo, a França. No entanto, instalou-se uma exaustão democrática, uma exaustão que não suporta mais o que se convencionou chamar "sistema", a ineficácia da ação pública e o fato de nosso destino ser tomado como refém por alguns. Isso não é próprio da França. Inúmeras democracias, sobretudo ocidentais, vivem essa situação. O medo do rebaixamento, o pavor diante de um mundo que desmorona, o fascínio pelos extremos ou pelos demagogos se alimentam desse ressentimento.

Nesse contexto, vão me opor dois argumentos: você é do sistema; que lição vai nos dar? Como vai conseguir agir e transformar o país quando tantos outros fracassaram?

Tenho duas respostas igualmente diretas: eu sou um produto do sistema meritocrático francês, tive sucesso, mas nunca aderi ao sistema político tradicional. Se imagino que vou ter êxito, é justamente porque não vou procurar fazer tudo, quero expor claramente um projeto e convencer vocês. O que eu fizer, farei com vocês.

O que alimenta a ira ou a rejeição dos franceses é a certeza de que o poder está nas mãos de dirigentes que não se parecem com eles, não os compreendem mais, não cuidam mais deles. Toda a nossa desgraça vem daí.

Por esse fato, muitas personalidades políticas se convencem de que precisamos de novas regras, de novas leis e, para alguns, de uma nova Constituição. No entanto, nosso país avançou, há muito tempo, com essa mesma Constituição e sem que a raiva ecoasse.

O essencial, antes de tudo, é saber de que estofo eles são feitos. Quando os responsáveis políticos e os altos funcionários deste país se juntaram à resistência durante a Segunda Guerra Mundial, ou passaram vários meses à frente de unidades de blindados, não se comportaram da mesma maneira. Porém, é evidente que a moral pública, o significado da história, a qualidade humana dos dirigentes não são as mesmas de antigamente, e os franceses sentem isso.

Na coletiva de imprensa de 31 de janeiro de 1964, o general De Gaulle disse, em uma frase que ficou famosa, que uma Constituição "*é um espírito; as instituições, uma prática*". O espírito das instituições da Quinta República, acrescentou ele, procedia da necessidade "de assegurar aos poderes públicos a eficácia, a estabilidade e a responsabilidade". Esses são os objetivos que eu quero retomar por minha conta e que, hoje, são admitidos como trunfos históricos para nosso país.

REVOLUÇÃO

Minha convicção é a de que os franceses estão cansados das promessas que lhes fazem constantemente, de revisar as instituições seja para "ajustá-las", seja para "adaptá-las às necessidades do tempo", seja, ainda, para constituir uma "Sexta República". Não creio que os franceses façam dessa reescrita uma prioridade. Não é isso que dará respostas concretas aos problemas deles. Não nego que sobre alguns assuntos — como a duração do mandato presidencial, a redução do número de parlamentares ou a reforma desta ou daquela assembleia — uma revisão de nossas instituições possa ser útil, mas acho, de modo geral, que não devemos reformar o coração de nossas instituições nem nos aproximarmos da lei fundamental com a mão trêmula. Nós faremos isso no tempo certo.

É na prática, na minha opinião, que mora o essencial das mudanças a serem implementadas. Modificar as condições da representatividade, fazer o modo de votação evoluir quando for a hora, tomar atitudes que permitam lutar eficazmente contra a conversa fiada legislativa e a instabilidade das regras, eis os tipos de medidas que permitirão à política se distanciar dela mesma e servir, um pouco melhor, à França e aos franceses.

O desafio é saber como o país pode se dotar de dirigentes públicos que possam representá-lo melhor e que estejam à altura do momento atual. Os franceses, com razão, consideram que seus representantes não se parecem com eles. Apenas um quarto dos parlamentares, e isso apesar da lei sobre a paridade,[1] são mulheres. Trinta e três são advogados e 54 são executivos da função pública. O peso deles na Assembleia é desmesurado em

---

[1] É a lei relativa à igualdade entre mulheres e homens nos mandatos eleitorais e às funções eletivas. Foi votada em 2000. [*N. da T.*]

relação ao peso que têm na sociedade. Inversamente, apenas uma parlamentar saiu do artesanato, sendo que os artesãos são mais de três milhões em nosso país, precisamente, apenas uma dúzia de parlamentares é oriunda da diversidade.

Não se trata de contabilizar os parlamentares segundo a cor da pele ou a origem do nome. Mas como não se impressionar com a diferença que se acentuou entre o rosto da França e o de seus representantes? Introduzir um sistema proporcional nas eleições, sem prejudicar a eficácia da democracia do país é, evidentemente, uma solução. É claro que eu considero as consequências de tal mudança: sem dúvida, mais eleitos da Frente Nacional entrariam no Parlamento. Mas como podemos justificar que quase 30% dos eleitores declaram votar nesse partido e que a Frente Nacional tenha apenas poucos representantes? O que é preciso é combater essas ideias, em vez de impedir o partido de ser representado.

No entanto, precisamos ter cuidado para não passar de um defeito para outro. A princípio, creio profundamente que os franceses se preocupem mais com a ação do que com a representação. Eles pedem aos homens políticos que sejam eficientes, e só. Cabe a nós convencê-los de que a renovação do mundo político vai ajudar. E é também por isso que temos que zelar para que qualquer reforma do modo de eleição não diminua nossa eficiência, para que favoreça uma verdadeira renovação e não os atores devotados aos partidos e às estruturas.

Para renovar a classe política, a não acumulação de mandatos[2] também é um caminho. Sabemos que, a partir de 2017, a

---

[2] Até 2017 era permitido, na França, um político exercer um cargo de deputado ou senador em Paris e acumular, por exemplo, um cargo de prefeito na comuna em que vive. [*N. da T.*]

lei atual passou a proibir o acúmulo de uma função de deputado ou de senador e um mandato executivo local. Isso é uma coisa boa, mesmo que, na minha opinião, a não acumulação das indenizações[3] fosse eficiente e que a questão de permitir uma representação dos territórios no Senado deva ser estabelecida. Mas isso não permite encorajar suficientemente a renovação. Por isso, sou favorável à não acumulação dos mandatos de parlamentares. O objetivo não é punir os eleitos que têm experiência: a política, como todo o resto, necessita de habilidade e competência. Entretanto, quando ela deixa de ser uma missão para ser uma profissão, os responsáveis políticos não são mais engajados, e sim interesseiros.

Para que a política sirva de novo aos franceses, acredito mais no engajamento do que nas proibições. O desafio não é impedir os eleitos de assim continuarem, mas encorajar novas pessoas a se candidatarem, em especial aquelas que não são nem funcionários públicos, nem colaboradores dos eleitos ou assalariados de um partido, nem profissionais liberais. E por isso é preciso, sobretudo, se concentrar no que se passa antes de ser eleito e trabalhar diretamente com os representantes dos assalariados e dos empregadores para acompanhar os que assumem riscos, os que fazem campanha, os que querem se engajar pela França!

Muitas empresas implantaram organizações que permitem a seus funcionários se candidatarem às eleições — a Michelin,

---

[3] Na França, as chamadas indenizações são as quantias recebidas pelos deputados durante o mandato. Eles recebem uma indenização parlamentar de 7.100 euros sujeita a imposto (que representa o salário) e uma ajuda de custo (indenização de representatividade) de 6.400 euros, sem imposto e sem controle algum, ou seja, os deputados recebem salário em dobro, sem pagar os impostos correspondentes. [*N. da T.*]

por exemplo. Se forem eleitos, eles podem recuperar o emprego ao fim do mandato com o mesmo salário que teriam se tivessem ficado na empresa.

É preciso, também, acompanhar os eleitos que deixam suas funções: se tantos eleitos querem manter seu lugar, é porque, muitas vezes, não sabem o que fazer depois. Deviam ser instaurados dispositivos para ajudá-los a encontrar um novo emprego. Nossa sociedade lhes deve isso, pois eles passaram um tempo lutando por ela.

Ao mesmo tempo, é preciso revitalizar nossa esclerosada máquina do governo. Esse é um ponto morto do debate democrático. Nos dias de hoje, os partidos renunciaram a suas missões de interesse geral para se concentrar em seu interesse particular, que é perdurar a qualquer custo. A deturpação não é de esquerda nem de direita, pois ela está em ambas: ela não é demagoga nem republicana, pois é tão bem representada nos extremos quanto no centro dos partidos republicanos. Ela alimenta a cooptação, os pequenos arranjos, e transforma pessoas que se engajam em *apparatchiks*.[4]

Se os partidos não se transformarem, a representatividade no Parlamento não servirá para nada: vamos apenas substituir os *apparatchiks* por outros *apparatchiks*. Acontece que o segredo é justamente fazer de modo que a sociedade se apodere da política! Para revitalizar os partidos é preciso que eles recuperem a sua razão de ser: formar, refletir e propor. Formar, para fazer

---

[4] Termo que apareceu na antiga URSS, e depois foi usado por extensão nos outros regimes comunistas, para designar um funcionário em tempo integral do Partido Comunista ou do governo, com cargo de responsabilidade burocrático ou político. [N. da T.]

emergir novos talentos, por exemplo, criando academias que acompanhem os jovens que queiram aprender a falar em público, a fazer política. O movimento que lançamos, *En Marche!*, deveria, por essa razão, dar o exemplo. É por isso que fiz questão de que mulheres e homens da sociedade civil pudessem ter responsabilidades no partido. Eles são amplamente majoritários em nossas fileiras; mais de 60% de nossos delegados nacionais e nossos representantes territoriais não são eleitos nem nunca foram. Também tomaremos cuidado para limitar, a tempo, as responsabilidades no seio desse novo movimento.

Essa melhor representação é igualmente essencial no mundo sindical. Só teremos um sindicalismo forte, o que é indispensável, se o incentivarmos colocando recursos humanos à disposição, em função das preferências dos assalariados; se lhes dermos mais responsabilidade real nos departamentos e nas empresas e se os próprios sindicatos souberem se renovar. Isso quer dizer construir carreiras em que os representantes nacionais não tenham acúmulo de mandatos que os afaste do cotidiano dos assalariados e, aí também, que o engajamento seja levado em consideração e com duração determinada.

Não é o caso de entrar em um discurso de estigmatização dos eleitos, políticos e sindicais. O que não é aceitável é se formar uma casta, voltada para si mesma, que imponha suas próprias regras. E isso é bem mais característico dos partidos e das estruturas do que dos próprios eleitos. E pensar que, quando falamos dos eleitos, também nos referimos aos 375 mil franceses que trabalham como voluntários nos 36.500 conselhos municipais. E não podemos esquecer que os representantes sindicais não reclamam do tempo que trabalham nem do quanto se dedicam.

A alta função pública também não deve ser exemplo de maior exigência. Embora os altos funcionários se formem em castas e deem a impressão de dirigir os negócios do país na surdina, eles foram selecionados por concurso e não são objeto de cooptação de complacência como inúmeros executivos dos partidos. Nos postos de comando, eles chegam perto de trezentos, nomeados todas as quartas-feiras em um conselho de ministros. Nesse aspecto, sou favorável a que seja mantido o concurso, tanto o da ENA quanto os outros. Trata-se de uma seleção baseada no mérito. Sem dúvida podemos melhorar os estudos e a natureza das provas, mas esse não é o tema de uma eleição presidencial.

Em compensação, precisamos modernizar essa alta função pública de duas maneiras. Inicialmente, abrindo bem mais cargos de direção a não funcionários. Contudo, isso exige que o Estado saiba ser um empregador que atraia talentos, o que hoje em dia não é o caso: ele paga mal e é constantemente ingrato; os dirigentes políticos usam mais essa via para "troca de favores" do que para recrutamento de perfis excepcionais. Depois, não é mais aceitável que os altos funcionários continuem a gozar de proteções ultrapassadas. O vínculo a uma corporação, o direito de retorno,[5] são proteções que não correspondem mais à época ou às práticas do restante da sociedade. Quando se pertence a um quadro superior do Estado, é normal ser protegido: é a ga-

---

[5] Direito que os funcionários públicos têm de ser reintegrados ao serviço público depois de pedirem uma licença não remunerada para exercer alguma outra atividade, como trabalhar no setor privado. [N. da T.]

rantia da neutralidade e da independência. Mas essa proteção deve ter um risco, uma avaliação mais rigorosa e, sobretudo, não deve durar para sempre. Ela deve estar ligada a uma função e não a um corpo administrativo que protege durante toda a vida.

Aliás, foi por isso que decidi pedir demissão da função pública ao me candidatar à eleição presidencial. Não que eu considere que todo funcionário deva se demitir para se candidatar. O fato é que eu queria ser coerente com o discurso de assumir riscos e de responsabilidade, que levo a toda a sociedade.

A responsabilidade é, me parece, exatamente o que pode contribuir para restaurar um pouco a moral coletiva de que tanto precisamos.

A responsabilidade é, em primeiro lugar, a do governo diante do povo, isto é, diante do Parlamento. Atualmente, nosso sistema torna possível a irresponsabilidade. Os exemplos são muitos. Sobre a intervenção militar na Líbia, por exemplo, os britânicos estabeleceram uma comissão de enquete para determinar se os dirigentes de seu país tiveram razão ao realizar a intervenção franco-britânica, apesar das consequências que ela traria. Nós fizemos isso e com um nível de exigência satisfatório? Toda ocorrência que tivesse amplo impacto em nossa segurança nacional deveria poder ocasionar naturalmente a formação de comissões de enquetes parlamentares.

Paralelamente, é preciso privilegiar a responsabilidade dos ministros. O que importa é verificar, com transparência, a probidade e a integridade de todos que são nomeados ministros. Por isso é que devemos subordinar o acesso às funções ministeriais à ausência de inscrição na ficha criminal B2,[6] como já é o caso para a função pública. Aliás, foi o que fizemos para os cargos de responsabilidade do *En Marche!*. Também seria preciso examinar a competência ou o potencial de uma pessoa nomeada em audiência pelas comissões competentes do Parlamento. Um ministro recém-nomeado precisa se impor a uma administração, aos interlocutores e a um setor de atividade.

Por fim, a última responsabilidade é política. Exige uma revolução de práticas que se tornaram inadequadas. Ninguém abandona, por exemplo, o campo político, mesmo depois de derrotas ou depois de sanções democráticas. A responsabilidade política também é aceitar respeitar as regras do jogo e ter a dignidade de suportar as consequências quando se erra. Podemos imaginar seriamente alguém presidir os destinos do país, ou simplesmente se candidatar ao sufrágio dos franceses, depois que sua probidade pessoal foi questionada? Não acho possível. E sobre essa questão é preciso ser específico. Todos nós podemos cometer erros na vida. É humano. Todos nós temos o direito de nos redimirmos dos erros que possamos ter cometido no passado. Isso é justiça. Porém, quando se é responsável político, quando nos propomos a ter acesso às mais altas funções eletivas e representar o país, acredito que nem todos os erros sejam equivalentes. Há alguns que desqualificam radicalmente quando se trata, por exemplo, de "atentado à administração pública",

---

[6] A ficha criminal é um arquivo informatizado que faz o recenseamento das condenações penais e comporta três categorias: B1, B2 e B3. A B1 é apenas para autoridades judiciárias. A B2 são condenações objeto de anistia, sanções de medidas educativas etc. A B3 é reservada exclusivamente para crimes e delitos graves. [*N. da T.*]

"de atentado à autoridade do Estado" ou de financiamento político. Em tais situações, é preciso ter a decência de se afastar. Essa é, em todo o caso, a minha concepção de engajamento e de responsabilidade política. Antes de pedir que lhe entreguem responsabilidades, é preciso, primeiro, saber assumir as suas.

Então, por que seríamos mais eficientes? Por que deveríamos chegar aonde tantos outros fracassaram?

Primeiro porque não acredito que haja fatalidade no fracasso. Se queremos que a política sirva de novo aos franceses, devemos nos dedicar para que ela se torne eficaz.

Hoje em dia, os franceses têm a impressão de que o governo não cumpre mais sua função de governar: a Europa, os partidos, os mercados, as sondagens, a rua, existe uma confusão sobre o detentor do poder. É preciso que o governo seja novamente o dono da ação, explicando-a. Isso porque a explicação é o que permite à sociedade aceitá-la. Quando não existe clareza nos governos, o povo se rebela. Por que as reformas de 1995[7] foram travadas pela sociedade? Porque nem o presidente da República em seu programa, nem o primeiro-ministro no exercício do poder se deram ao trabalho de explicá-las. Por que a lei trabalhista provocou tanta indignação? Pela mesma razão: porque nem o presidente da República nem o primeiro-ministro se dedicaram a esclarecê-la. É preciso saber comunicar, explicar, em vez de fazer uma comunicação. Acontece que, hoje, os governos do Twitter e dos comunicados substituíram os governos da explicação

---

[7] Anunciado em novembro de 1995, o "plano Juppé" tratava das aposentadorias e da segurança social. [*N. da T.*]

e do longo prazo. Devemos criar condições que permitam ao governo se comunicar com clareza. E, também, é preciso falar claramente sobre o que não se tem poder para governar. É preciso falar sobre os meios que não se tem para agir. A clareza é indispensável.

Ser eficiente é acabar com o falatório legislativo. É acabar com a transposição dos textos comunitários, tornando-os ainda mais coercitivos. É acabar com as leis de circunstância. Esse velho reflexo francês que consiste em fazer de qualquer assunto um caso de regra ou de direito tornou-se insuportável. Mais de cinquenta reformas trabalhistas ocorreram em quinze anos! E durante esse tempo o desemprego continuou a aumentar. Essa é uma prova de que a lei não é a panaceia!

Antes de preparar uma nova regra, é preciso começar por uma verdadeira avaliação das situações envolvidas. Na maior parte das vezes, ao modificar uma organização, o recrutamento e os métodos da administração, será mais conveniente acabar com essa concepção herdada do século XIX, que faz da redação de um texto a finalidade da ação administrativa. O objetivo deve ser a realização de um projeto, não a edição de uma norma. E isso supõe uma verdadeira "conversão" dos atores públicos. As políticas públicas são mais eficientes quando construídas com os concidadãos a quem elas se destinam. Deve ser assim tanto na luta contra a pobreza quanto na política escolar e em tantas outras ações.

Em seguida, a discussão dos textos deverá ser mais rápida. É urgente reconciliar o tempo democrático e o tempo de decisão com o da vida real e econômica. Eu vivi isso por ocasião do exame da lei para o crescimento e a atividade, quando passei várias centenas de horas, inicialmente em uma comissão, depois em sessão, debatendo os mesmos artigos com as mesmas pessoas uma primeira vez, depois uma segunda, depois uma terceira, depois uma quarta! Hoje, sabemos que é preciso mais de um ano, em média, para votar uma lei e, no mínimo, outro tanto, salvo exceções, para adotar os decretos de aplicação. É preciso, portanto, rever o processo legislativo.

Ao mesmo tempo, é necessário ampliar a avaliação das políticas ainda em atividade e aumentar os controles da ação pública. A avaliação deve ser sistemática. Atualmente, quantas leis votadas não são aplicadas? E quantas leis aplicadas não atingem seus objetivos iniciais? Toda vez que um texto é votado, deveria ser obrigatória a avaliação de sua eficácia dois anos após sua aplicação. Cada texto importante deveria conter uma cláusula de ab-rogação automática na falta de uma avaliação comprobatória.

Enfim, ser eficiente é garantir a estabilidade das leis e dos textos que adotamos. Não se pode, durante um mesmo mandato, modificar todo ano ou todo semestre a estrutura de um imposto ou de uma política pública. O procedimento de avaliação que acabei de citar é um bom anteparo, mas não é suficiente. Desejo que haja um engajamento para só se modificar um imposto ou reformar uma política pública uma única vez ao longo do quinquênio. Esse será um elemento de eficácia indispensável.

Tudo isso, obviamente, anda junto com uma refundação da organização do Estado. Aí também é preciso sobriedade e estabilidade. Poucos ministros e perímetros estáveis. A lei, a regra e a circular ministerial devem definir uma localização, mas a autonomia desse local é, hoje em dia, indispensável. No âmbito do Estado, tratar-se-á de devolver o poder àqueles que conhecem melhor a realidade e confiar nesses agentes. Eles estão nos hospitais, nos liceus, nos colégios, nos comissariados e nas prisões. É preciso lhes dar mais autonomia, porque todos eles são confrontados com problemáticas específicas, que não podem ser resolvidas pelo Estado central.

Uma nova etapa do que chamamos de descentralização é, a esse respeito, necessária. Isso significa transferir o poder e as responsabilidades da administração central para a administração local — a que está em contato direto com a população. Nesse terreno, os responsáveis conhecem as soluções e, em geral, têm a capacidade de encontrar acordos pragmáticos com os outros atores, onde a lógica das direções centrais e dos ministérios leva mais tempo, é mais rígida e está afastada das realidades locais.

A refundação da organização do Estado supõe, logicamente, que se reveja a maneira de dirigir a administração e os funcionários. Devemos construir um sistema mais aberto e mais maleável. Mais aberto, facilitando o recrutamento de perfis diversificados no setor privado, e isso em todas as etapas da carreira e em todos os estágios da função publica. Mais maleável a fim de responder melhor aos usuários com funcionários mais numerosos onde as necessidades são maiores e oferecer oportunidades de novas carreiras aos funcionários públicos.

Como vemos, o atual estado da função pública não responde mais às expectativas dos franceses e às realidades do Estado, dos hospitais e das coletividades locais. Não é culpa dos funcionários, e quero, aqui, lembrar a dedicação deles e seu sentido de prestar serviço. Mas devemos, por eles e pelos franceses, encarar nossas próprias insuficiências atuais.

Tenho consciência de que essa refundação da organização do Estado vai entrar em choque com os hábitos, mas essa revolução é essencial para ganhar eficácia e liberar as iniciativas dos funcionários públicos.

Mais amplamente, creio em um novo compartilhamento democrático. Creio que possamos ter sucesso justamente confiando e dando mais poder àqueles que fazem. Esse novo compartilhamento democrático deve dar os meios de ação a todos aqueles que estão mais bem colocados para fazer isso.

Esse é o fundamento da República contratual de que precisamos, da República que confia nos territórios, na sociedade e nos atores para se transformar. Isso envolve uma disciplina à qual não estamos acostumados: dar mais autonomia aos que estão encarregados de agir; ousar experimentar para ver o que funciona, o que vale a pena ser implantado e o que é urgente retirar; olhar tudo o que a sociedade faz melhor do que o Estado e lhe confiar essa responsabilidade.

A ideia que faço da democracia não é a de cidadãos passivos que delegam a seus responsáveis políticos a gestão da nação. Uma democracia saudável e moderna é um regime composto de cidadãos ativos, que se encarregam de sua parte na transformação do país.

Evidentemente, o Estado tem vocação para desempenhar o papel central. Esse papel deve ser reforçado, pois em inúmeros campos é preciso mais do Estado. Para o exercício das missões regalianas, o Estado deve poder dispor de todos os meios necessários. Para a proteção contra os grandes riscos de vida, é preciso, também, que o Estado retome as rédeas. Para garantir o bom funcionamento de nossa economia, ele deve permanecer responsável pela ordem pública econômica.

As comunidades locais e seus eleitos devem representar um papel mais relevante. Dispor de competência e de liberdade o mais perto possível do local. É uma nova etapa de transferência dos poderes para as comunidades que precisamos definir nos próximos anos. Essa descentralização deverá ser acompanhada de um grande pragmatismo, que nem sempre esteve presente.

Os parceiros sociais devem dispor de uma responsabilidade aumentada para poder definir as condições de trabalho no âmbito dos setores e das empresas.

As associações devem ocupar um lugar mais importante, como já ocupam, nos campos da saúde, da educação, da ação social, da integração etc.

Os cidadãos devem, de agora em diante, ser considerados mais atores das políticas públicas do que administrados. Minha vontade é definir o espaço de responsabilidade de todos, mas devolver o poder àqueles que o fazem.

Temos uma sorte fantástica: os franceses não querem ser submetidos: eles querem se engajar. Já estão se engajando e cada vez mais! Portanto, é preciso considerá-los melhor, acompanhá--los melhor. Eles são os nossos heróis de hoje e de cada dia.

Eles são os nossos heróis porque as ações essenciais são adotadas por muitos deles. Os que se engajam de maneira benévola, desinteressada em nome dos outros. Quer eles militem, quer exerçam um mandato, quer sejam voluntários em ONGs, muitos são aqueles que dispõem do tempo da vida em família, de suas noites. Os milhões de franceses que se envolvem em nossas associações, os duzentos mil bombeiros voluntários que se engajam para garantir nossa segurança civil... A vontade de servir está lá, em todo o território. Nas empresas, nas associações, nas ONGs, nos sindicatos, nas comunidades territoriais, por toda parte. O poder público deve continuar a apoiá-los para fazer essa energia frutificar. Deve acompanhá-los, lhes dar mais flexibilidade, confiar neles. Esse engajamento é o último elo da cadeia da ação. É isso que mantém o nosso país. É isso que garante nossa unidade, nossa coesão. É isso que condiciona a eficiência, no âmbito das atividades, de nossa ação coletiva. É isso que impede com que a solidariedade, a igualdade e a liberdade sejam palavras vãs. Os franceses têm paixão por seu país. Mais do que isso: eles querem servir em vez de se submeter! Vamos lhes dar meios para que façam isso.

Tenho a convicção obstinada de que podemos ousar no futuro e moldar com nossas mãos o nosso destino. De que, para isso, basta nos reconciliarmos conosco mesmos. Espero que todas as páginas deste livro sejam uma demonstração disso. Foi essa mesma convicção que me levou a escrever.

Na origem dessa aventura estão as mulheres e os homens que, antes de tudo, querem fazer o progresso avançar. Todos, inclusive eu, estão convencidos de que para alcançar esse objetivo devemos confiar em nossos concidadãos e nunca perder a realidade de vista.

Gosto da simplicidade desinteressada desses franceses que, muitos deles, nunca haviam experimentado um engajamento político e que decidem, todos os dias, participar conosco dessa iniciativa inédita. Também admiro a facilidade com que mulheres e homens de todos os horizontes conseguem, de maneira brilhante, superar as divisões do passado a fim de se juntarem num mesmo projeto.

Eles se reconciliam com o que a política tem de mais nobre: transformar o real, desenvolver a ação e restituir o poder àqueles que fazem.

Cada um de nós é fruto de sua história, da dedicação de seus professores, da confiança das pessoas próximas, das derrotas superadas. No momento em que escrevo estas linhas, me lembro daqueles que me ajudaram a crescer e me transmitiram o gosto por agir e servir. Tenho consciência da dívida que tenho para com eles e da determinação que essa dívida fez crescer em mim. Os que me acompanharam e não estão mais aqui reconheceriam nosso mundo? Ele mudou tão profundamente! E às vezes nos preocupa.

Entretanto, estou convencido de que o século XXI é um século de promessas.

É essa vontade otimista que, desde sempre, me leva a servir meu país.

As revoluções do mundo digital, ecológicas, tecnológicas e industriais são consideráveis. A França deve participar delas. Nosso país não pode deixar aumentar a distância entre ela e os Estados Unidos e, menos ainda, entre ela e a China, esse país-continente que demonstra, a cada dia, seu poder.

Só conseguiremos isso com duas condições. Revitalizar a Europa, nossa chance na globalização, e recuperar a confiança em nós mesmos, a energia que nos falta há tantos anos, e que eu sei que está presente no povo francês.

Para tanto, cada um na França deve, novamente, ter seu lugar.

Nesse combate, a responsabilidade do presidente da República é imensa. Estou plenamente consciente disso. Um presidente não é apenas investido de uma ação. Ele carrega, também, de maneira menos visível, tudo o que no Estado transcende a política. Os valores de nosso país, a continuidade de sua história e, de maneira oculta, o rigor e a dignidade de uma vida pública.

Estou pronto para isso.

Acredito, mais do que tudo, que podemos triunfar, e é claro que não acordamos uma manhã com essa revelação. A decisão de me candidatar ao mais alto cargo da República é fruto de uma convicção íntima e profunda, de um sentido da história. Eu já disse neste livro que vivi outras vidas. Elas me levaram da província para Paris, da iniciativa privada para a vida pública. As responsabilidades que foram minhas como ministro me fizeram avaliar plenamente os desafios do nosso tempo. Todas essas vidas me conduziram a este momento.

Quero que meu país levante a cabeça e, para isso, resgate o fio de nossa história milenar: esse projeto, louco pela emancipação das pessoas e da sociedade. Este é o objetivo francês: fazer tudo para tornar o homem capaz.

Não posso aceitar ver uma França que tem medo e que só olha para suas lembranças, uma França extremista que insulta e exclui, uma França cansada que paralisa e apenas administra.

Quero uma França livre e orgulhosa do que é. De sua história, de sua cultura, de suas paisagens. De suas mil nascentes que convergem para nossos mares, de suas montanhas. De suas mulheres e seus homens que passaram por tantas provações e não pertencem a ninguém.

Quero uma França que transmita sua cultura, seus valores. Uma França que acredita em sua sorte, que arrisca, que espera, que nunca admite o salário injusto, o cinismo afrontoso. Quero uma França eficiente, justa, empreendedora, onde cada um escolhe sua vida e vive do próprio trabalho. Uma França reconciliada, que tem consideração pelos mais fracos e confia nos franceses.

Tudo isso, você me diria, são sonhos. Sim, os franceses sonharam mais ou menos isso no passado. Eles fizeram a Revolução. Alguns até haviam sonhado com ela antes. Depois nós traímos esses sonhos pela apatia. Pelo esquecimento. Então, sim, são sonhos. Eles demandam altivez, exigência. Eles impõem o engajamento, o nosso engajamento. É na revolução democrática que devemos ter sucesso para conciliar na França a liberdade e o progresso. Essa é nossa vocação, e não conheço nenhuma mais bela.

Este livro foi composto na tipologia Minion Pro,
em corpo 12,5/17,3 e impresso em papel off-white no
Sistema Cameron da Divisão Gráfica da Distribuidora Record.